JN438332

천상으로 보내는 음악편지

천상으로 보내는 음악편지

| 머 리 말 |

천상으로 편지와 음악을 보낸다.
회답이 없기에 더욱 간절한 그리움이다.

남들은 쉽게 말한다.
곁을 떠난 사람 이제 잊고
아픈 마음을 덜어가며 살라고.

아픈 마음을 덜고자 잊을 수 있다면
그건 사랑이 아니고 또한 그런 사랑이라면
시작도 아니 했다.

나 이생을 다하고
천상으로 가는 날 그 사람 만나길 소망한다.
내가 보낸 편지와 음악
그는 차곡차곡 모아 두었다가
나를 만나는 날 보여주며
함께 읽자고 할 것이다.

그날을 기다리며
그리움을 안고
조용히 저물고 싶다.

2019년 늦가을에

장 인 숙

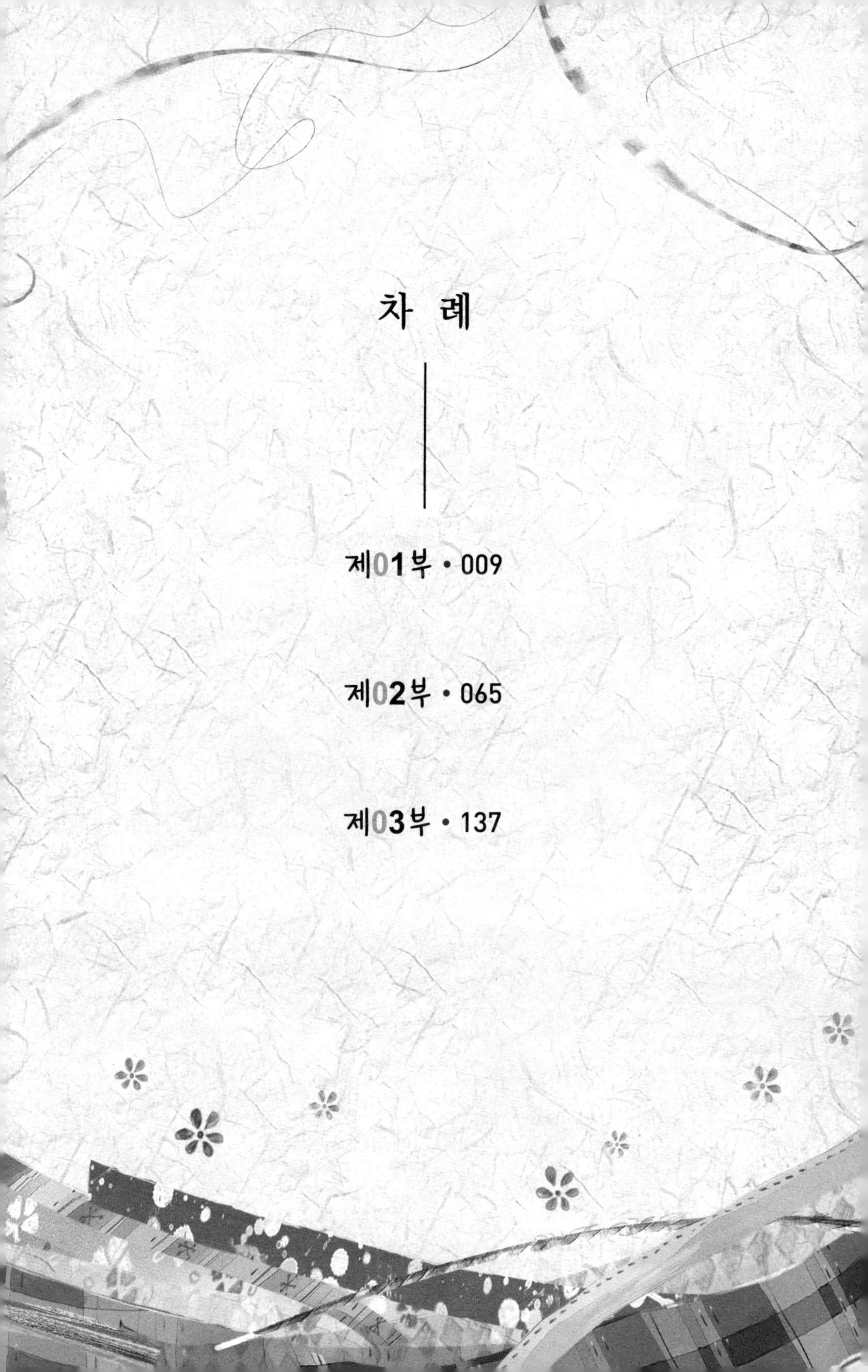

차 례

제 01 부

천상으로 보내는 음악 편지

그이가 떠난 후

그이가 떠난 후
나의 시간은
정상적인 궤도를 벗어나
낮이고 밤이고
철학을 연구하다가
염세를 갈구하다가
살고 싶은 의욕은
다 하늘에 보내고
그냥 목숨 보존으로 연명한다.

어제가 초복
날씨는 장마 속에
무덥고 습해
회색빛 우울함이 내 몸을 감싼다.

기절하듯
잠깐 눈을 붙인다.
아! 작년에
그이가 같이 있던 여름날에
울던 저 매미 소리
그이와 같이 듣던 매미 소리가
내 귓전을 슬프게 울린다.
잠깐 눈을 붙인 잠이 깬다.

작년에도 같이 있었던 그이.

천상으로 보내는 음악 편지 2

그이를 떠나보낸
나의 슬픔을 보고는
사람들은
이제 그만
정신을 바르게 해야 한다고 말한다.

그들은
그렇게 나에게 말해줘야 옳았고
나 또한 들어야 옳았다.

그러나
반세기를 함께 살아온
그 반석 같은 지아비를
어찌 쉽게 잊을 수 있을까.
하루가 지나갈수록
그이가 떠나간 자리는 더 크게 번지고….

이제 다시는 만날 수 없는 그리움에
절망하다 못해 죽을 것 같은 고통
못 견디는 괴로움이다.

아! 이럴 때 차라리
그이를 위해
천상으로 음악을 보내며
아픈 마음을 잠시 달래볼까.

환!
내가 가끔 한 번씩 불러주던
당신이 좋아하는 '그리그의 솔베이지의 노래'를
가슴 전부로 보내 드립니다.

천상으로 보내는 음악 편지 3

어제로 이어진 아침 나팔꽃 여러 송이가 분홍빛으로 아침을 엽니다.
베란다 창문 밖으로 올린 줄을 타고 옹기종기 피고 있는 나팔꽃.
야외용 침대에 편히 쉬며 항상 즐겁게 바라보라고
당신을 위해 심은 나팔꽃과 일년초 등꽃
지금 꽈리처럼 조랑조랑 열려 있는데….

진정 당신은 지금 어디 있을까.
어디서 이 꽃을 바라보고 있을까.
나에게는 행복을 주는 남편으로
아이들에게는 다정하고 자상한 아빠로
그렇게 우리들에게 아름다운 인생을 선물해주고
당신은 어디로 떠났습니까?

환!
나팔꽃 향내 맡으며 깊고 슬픈 그리움으로 당신께 내가 좋아하는 노래 명성황후 삽입곡 '나 가거든'을 조수미의 노래로 보내 드립니다.

천상으로 보내는 음악 편지 4

새벽
오늘도 공원길에 나섰습니다.

당신과 같이 걷던 길
당신과 같이 쉬던 벤치
어느 때는 너무 가슴 아파
눈으로만 보며 당신을 불러보고
또 어느 때는
못 견디게 아쉬워
당신이 앉아 쉬던 벤치에 앉아보며
당신 체취가 남아있을까 찾아봅니다.

빨리 걸으며
내 옆으로 휙휙 지나가는 사람들.
남들이 모르는 그리움을 안고
발자국마다 눈물 고이는 아픔

환!

오늘은 그리움이 더 간절한 날, 옛날 언젠가 KBS 일요일 아침 '희망음악 시간'에 내 생일을 축하한다고 당신이 보내준 '희미한 옛사랑의 그림자'를 오늘은 당신에게 보고픈 마음 담아 실려 보내 드립니다.

천상으로 보내는 음악 편지 5

나는 요즘 아주 기발한 상상력을 생각해 냈습니다.

당신의 빈자리 때문에 하루하루를 너무나 슬프게 맞는 고문에 가까운 아픔 때문에 생각해 낸 것입니다.

밖에 나갔다가 들어올 때 으레 당신은 거실 소파에 앉았다가 "이제 와" 하고 맞이하던 그때를 생각하며 상상해 낸 것입니다.

나갔다가 현관문을 열고 들어올 때 아무도 없는 그 숨 막히는 고독.

상상을 초월할 정도의 아픈 적막입니다.

내가 현관문을 열고 들어올 때 당신이 예전처럼 나를 맞이하는 겁니다.

'아니! 당신이 어떻게….'

놀란 나에게 당신은 웃으며 나 하늘에 있어도 당신 보고 싶어 견딜 수가 없었노라고,

그래서 하느님께 부탁을 드려 이렇게 오게 되었노라고….

아! 이 꿈같은 기적이 일어날 수는 없을까, 상상해 낸 것입니다.

환!

이루어질 수 없는 상상이지만 왠지 위로가 조금 됩니다.

행여 꿈에라도 이루어질까 해서….

오늘은 기다릴 수 없는 기다림을 안고 장일남 작곡의 '기다리는 마음'을 보내 드립니다.

천상으로 보내는 음악 편지 6

오늘은 백중 초재일.

버스를 타고 수국사 가는 길에 창밖을 바라보니 하늘엔 뭉게구름이 하얗게 떠 있네.

하늘에서 수국사로 재일 맞으러 행여 오시는 길일까? 구름 뒤에 그이의 모습을 찾아본다.

수국사에 도착하니 법당 안에는 신도들로 꽉 차 있네.

안내하는 한 보살이 나를 맞아 한가한 자리로 모시겠다며 나의 손을 잡고 한마디 한다.

"영감님 제사 지내시려고 오셨나요?"

"네…."

내 슬픈 얼굴을 느꼈는지

"보살님 우리들도 언젠가는 다 갑니다. 너무 슬퍼 마세요."

당연히 옳은 말이고 당연히 아는 말.

그러나 어쩌랴.

나는 아직 그를 못 보내고 있으니.

환!

49재 이후 오늘 처음으로 당신께 그리고 조상 모든 영가 분들께 감로수를 올렸습니다. 가슴이 아려왔습니다.

오늘은 구노의 '아베마리아'를 보내 드립니다.

천상으로 보내는 음악 편지 7

한낮은 34도를 웃도는 폭염인데도 새벽은 퍽 쌀쌀하다.
일교차가 심한 요즘 여름 소나기 같은 매미 소리가 요란한 걸 보니 이제 더위도 막바지인 것 같다.

이 여름이 가면 내가 좋아하는 가을이 오겠지.
그리하면 나는 수십 년을 그이와 같이 맞던 가을을 이제 혼자 맞아야 한다는 현실을 어떻게 견딜 수 있을까.

다가오는 가을이 차라리 두렵기조차 하다.

환!
오늘은 우리 함께 성실하게 삶을 지피며 같이 좋아하며 부르던 노래 박인희의 '모닥불'을 보내 드립니다.

천상으로 보내는 음악 편지 8

길을 가다 보면 활기찬 젊은 사람, 귀엽고 천진한 아이들, 꼬물꼬물 뽀얀 얼굴의 유모차 안의 아기 다양한 모습들이 보입니다.

그중에는 우리같이 나이 지긋한 내외가 천천히 가는 사람도 보이고….

저 남자 어르신 당신 연세쯤 되는 것 같은데 어찌 저렇게 건강하게 보일까.

옆에 걷고 있는 저 아내는 얼마나 행복할까.

당신이 생존해 계실 땐 아무런 생각 없이 바라보던 것들이 이젠 부러움으로 다가오고, 무섭게 엄습하는 외로움에 가슴 언저리가 아파옵니다.

환!

오늘은 당신이 무척 좋아하는 집시의 노래 그 바이올린의 흐느낌 사라사테의 '지고네이르바이젠'을 장연주의 바이올린 연주로 보내 드립니다.

천상으로 보내는 음악 편지 9

오래전부터 아침저녁으로 기도를 하고 있습니다.

세계의 평화와 국태민안을, 그리고 우리 가족과 이웃들을 위해 수십 년 동안 정성을 다해 기도를 하고 있습니다.

세계가 평화로워야 나라가 평안하고, 나라가 평안해야 가정이 평안하기에 그런 기원으로 기도를 합니다.

그런데 그이가 가신 후로는 내 간절한 염원이 한 가지 더 생겼습니다.

그이가 왕생극락하실 것과 함께 나 이생을 떠날 시 반드시 그이를 만나 세세생생 부부로 만나기를 합장 기도드리게 되었습니다.

이 슬픈 나날들을 정말 내가 하늘나라로 가는 날, 그이와 꼭 만날 수 있다는 어떤 확실한 기약이 되어있다면 참아낼 수 있을 것입니다.

아니, 그 희망으로 가볍게 살 수 있으련만.

그렇게 믿고 원하는 마음 이루어지길 바랍니다.

환!

오늘은 우리를 부부로 맺어준 프로 KBS의 <희망의 등대> 그 시그널 뮤직 '은빛 달을 따라서'를 보내 드립니다.

천상으로 보내는 음악 편지 10

공원에 있는 꽃사과나무엔 가지가 휘도록 꽃사과가 열렸다.
어느새 사과 빰에는 붉은 기가 돌고….
머지않아 여름이 떠날 것이고 가을이 들어서려는 것이겠지.

해마다 꽃사과가 빨갛게 익으면 그이와 난 어린 마음이 되어
그중 보기 좋은 것을 골라 따서 입에 넣고 깨물다가 약간 떫고 시큼하다고 얼굴 찡그리며 마주 보고 웃었지.

아! 이제 언제 다시 그때의 일들을 다시 할 수 있을까.
하늘과 땅 사이 생사가 나뉜 깊은 협곡엔 우리들이 가졌던 삶은 이젠 금지된 시간.

환!
당신에게 가고 싶은 마음으로 오늘은 가곡 **'저 구름 흘러가는 곳'**을 보내 드립니다.

천상으로 보내는 음악 편지 11

무더운 여름의 한가운데입니다.
아이들은 방학을 하고 직장인들은 휴가를 내는 계절.
우리 젊었을 때를 생각해 봅니다.
어린 삼 남매를 데리고 남이섬으로 피서 갔던 일을 당신도 기억하시죠.

한밤중 느닷없는 폭우로 잠이 깨어 텐트에 옹기종기 다가앉으며 밤새 폭우와 천둥, 번개로 공포 속에 아이들이 겁먹을까 봐 어루 안으며 밤을 꼬박 새우던 일.

고생스런 피서를 굳이 행복으로 느끼던 우리들의 젊은 날.
아이들은 피부가 검게 타야 여름다운 여름을 보냈다고 흐뭇해하고….

여섯 살짜리 막내가 방에 누워
"이제 비가와도 괜찮아, 우리 집에 왔으니까"
하며 안도의 한숨을 깜찍하게 쉬던 모습.
텐트 속에서 무척 많이 무서웠나 봅니다.
우리는 막내를 쓰다듬어주며 함께 웃었죠.

환!
당신과의 행복을 추억해 보며 오늘은 '태양은 가득히'를 보내 드립니다.

천상으로 보내는 음악 편지 12

우리 결혼 전 이십 대가 꽉 찬 나이에 바닷가가 가까운 직장에 근무하면서 나에게 편지 보내주던 당신을 기억해 봅니다.

바닷가를 거닐면서 내가 부탁한 예쁜 조개껍질을 주우며 그리움을 달래본다고 했습니다.

남부 이탈리아 폼페이의 폐허 근처에 있는 '그레코'라는 바다 마을은 카메오 세공으로 유명하다지요.

그곳에선 분홍빛 패각에 정교한 세공으로 목걸이나 반지 같은 장신구를 예술로 승화시킨다 하지만, 당신은 나에게 줄 조개껍질에 사랑의 세공을 마음 새겨 그리움의 혼을 넣었다고 생각합니다. 그래서 더 아름답다고 생각합니다.

바닷가 오두막집에 하숙을 하면서 늘 나를 그리워하며 어려운 당신의 환경으로 고민 많던 당신의 처지, 아픈 당신의 사랑을 다시 느껴봅니다.

환!

오늘은 베토벤의 '엘리제를 위하여'를 보내 드립니다.

천상으로 보내는 음악 편지 13

당신이 안 계신 이 여름 딸기가 익는지, 오디가 익어가는지, 관심도 없고 알지도 못합니다.

오늘 우연히 TV를 보니(인간극장) 출가한 자매가 시골 친정에 와서 딸기와 오디 따는 것을 보고 아, 지금 딸기와 오디가 익는 여름인 줄 알았습니다.

당신과 행복했던 갈현동의 단독주택.
어느 여름날의 아침을 생각해 봅니다.
새벽 산책을 다녀온 당신이 뒤로 무엇인가를 감추고 내게 말했습니다.
"눈 감고 두 손을 내밀어 보라"고.

눈을 감고 두 손을 내 손안에 살며시 담아준 것은 푸른 갈잎에 담아진 빨갛게 농익은 멍석딸기 한 줌.

어머! 딸기잖아.
아이들처럼 팔짝 뛰며 좋아하는 내 모습을 빙그레 웃으며
"그렇게 좋아"
흐뭇하게 바라보던 당신.

당신은 늘 나에게 말했어요.

소박한 것에 늘 행복을 느끼는 당신의 순수함이 아름답고 사랑스럽다고.

나의 소박함을 아는 당신은 언제나 내가 좋아할 일을 알아서 나를 즐겁게 해주곤 했습니다.

환!

우리 다음 천국에서 만날 때 딸기를 따서 주고받고 하는 행복했던 생활을 다시 시작해 보자구요.

우리는 다음 생에도, 아니 세세생생 꼭 만나야 될 운명일 것입니다.

오늘은 박인환 시 '**세월이 가면**'을 박인희의 노래로 보내 드립니다.

천상으로 보내는 음악 편지 14

얼마 전 문인화 허 선생님에게서 메시지가 왔습니다.
당신을 여읜 내 소식을 요즘 들었나 봅니다.
위로의 말을 하며 끝으로 눈물로 우시지 말고 글로 우십시오.
시인인 나답게 슬퍼하라는 글.
새삼 가슴에 와닿았습니다.

그렇지 않아도 우리들의 금혼 기념 서간문집을 준비하는 지금 57년이나 된 낡고 부서지는 편지지 때문에 어찌할 수 없이 조심스레 펼쳐가며 노트에 필사를 하는 중이었지요.

당신이 안 계시는 이제는 시도 안 쓰고, 그림도 안 그리겠다고 단호하게 다짐까지 하며 세상 대하기를 싫어했지요. 그러나 지인들의 충고를 들으며 다시 생각하니 모든 것을 포기하며 사는 나를 당신은 원하지 않을 거라는 생각이 들어, 천국에 가서 당신을 만날 때까지 열심히 성실하게 살다가 당신과 해후를 해야 옳은 일이라 생각했습니다.

환!
언젠가의 해후를 기대하며 우리 함께 마르티니의 '사랑의 기쁨'을 불러봅시다.

천상으로 보내는 음악 편지 15

간밤은 잠을 못 잤습니다.
더워서가 아닙니다.
그냥 자꾸 가슴이 시려옵니다.

당신이 가고 난 후부터 조금씩 조금씩 가슴이 식어 가는 것 같습니다.
누가 위로의 말을 하면 그때는 알아듣고 그래야지 하지만, 조금 있으면 다 잊고 당신 빈자리만 느낍니다.

같이 살다가 한날한시에 같이 죽을 수는 없지만, 보내고 남은 사람의 슬픔이 이다지 아픔인 줄은 상상도 못 했습니다.
나이 지긋해지면 평소에 조금씩 이별 연습을 해두는 것이 현명하다는 말이 절실하게 느껴지곤 합니다.

환!
이 마음 어찌해야 더워질까요.
오늘은 쇼팽의 '즉흥 환상곡'을 보내 드립니다.

천상으로 보내는 음악 편지 16

길을 가다가 당신과 너무 닮은 사람을 보면 나는 그냥 발길이 멈춰집니다. 가슴은 두 방망이질을 하고.

아! 진정 당신이 하늘나라로 간 것은 그냥 꿈이고 사실 지금 저기 서 있는 사람이 당신이라고 믿고 싶은 마음.

나는 날마다 꿈을 꾸다 현실에 아파하다 이런 수렁 속에 헤매이고 있습니다.
당신 생각이 더 날까 두려워 우리가 같이 좋아했던 음악도 듣지 못하고 있습니다.

환!
나 이생이 끝날 때까지 당신 생각으로 생을 마칠 것입니다.
오늘은 어느 가을날 이 곡을 들으며 같이 행복했던 **'변덕스런 나일강'**을 보내 드립니다.

천상으로 보내는 음악 편지 17

장마로 인해
아직은 땅이 젖어있어
이맘때쯤 나는 버섯들이
공원 나무 밑에 여기저기 솟고 있네.
뽀얀 갓버섯, 누런빛 보랏빛의 밀버섯
그 외에 이름 모를 버섯들이
많이 솟아오르고 있네.

예전 같으면
버섯 좋아하는 내가
버섯 향기 맡으며 따 담으련만
이젠 하고 싶은 생각이 없네.
당신이 가고 난 후로 내 모든 의욕은
다 가버렸나 봅니다.

작년까지만 해도
이맘때 버섯을 따가지고
당신께 보이며 맛있게 생겼다고
호박, 양파, 풋고추에 바지락을 넣고
된장, 고추장을 풀어 찌개를 끓여
우리 함께 행복하게 먹었었는데….

아니, 당신도 같이 버섯을 따며
흐뭇해하였었는데….

환!
작년 이맘때가 너무 그립군요.
오늘은 가곡 '**바위 고개**'를 보내 드립니다.

천상으로 보내는 음악 편지 18

더위가 대단하니 갈증이 심하고 또 시원한 물에 몸을 담그고 싶고. 물 생각을 하다 보니 당신과 재미있는 추억이 생각나는군요.

우리 애들 중 · 고등학교 시절이었죠.
일요일의 어느 여름 한낮 점심 식사 후였습니다.
설거지를 하고 있는 나에게 뒤로 살며시 몰래 다가와, 손에 찬물을 담가 젖은 채로 나의 티셔츠 속으로 손을 넣어 차갑게 깜짝 놀래주며 재빨리 거실로 도망가던 당신.

장난꾸러기 소꿉친구 같던 그때의 우리들, 등에 물이 묻혀 척척하다고 짜증 내며 당신 잡으러 거실을 돌던 일.

환!
지금 그 행복을 너무 그리워하며 오늘은 '즐거운 나의 집'을 보내 드립니다.

천상으로 보내는 음악 편지 19

오늘도 당신이 너무 그리워 그 옛날 당신의 편지를 읽었습니다.

거의 9년간 교제로 결혼을 했다지만, 얼굴도 모르고 3년간의 군생활 편지.

나머지 5년 11개월.

당신 직장 관계로 1년에 두어 번, 잘하면 3번 정도의 하루의 만남.

편지를 읽다 보면 늘 그립고 보고 싶다는 말의 사연.

어려운 환경으로 항상 고민하고 슬픈 마음.

새삼 가슴이 아파집니다.

당신과 나는 늘 그리움으로 살았으니까요.

내가 지금 얼마나 외롭게 당신이 보고 싶은지 말도 할 수 없는 정도인데, 그때 당신은 젊은 나이에 얼마나 외롭게 보고 싶었나를 이해가 가는 것입니다.

내가 지금 너무 간절히 당신을 그리워하다 보니까.

그러나 생각해 봅니다.

그런데도 그때 당신은 언제라도 서울에 오면 나를 볼 수 있으련만 지금 나는 어디를 가야 당신을 볼 수 있습니까.

이 세상에 없는 당신을 나는 어떻게 당신을 볼 수 있을까요.

환!

너무 보고 싶어요. 미칠 것 같애.

오늘은 '라파로마'로 당신에게 내 소식을 비둘기로 보냅니다.

천상으로 보내는 음악 편지 20

TV를 잘 보지 않던 내가 요즈음 TV를 자주 봅니다.
당신 생각을 좀 잊어보려고 숨 막히는 적막도 너무 두렵고.

불교방송 TV에서 좋은 법문을 들었습니다.
깨달음에 대해서.

어느 작은 절의 주지 스님이 마당에 큰 원을 그려놓고, 동자승에게 내가 읍내에 나가 볼 일보고 돌아올 때까지 이 동그란 원에 들어가 있으면 오늘 저녁밥을 굶고, 원 밖에 있으면 아주 내쫓긴다고 말했습니다.

밥을 굶거나 내쫓기거나 둘 다 불리한 숙제에 동자 스님의 고민은 깊었습니다.

어느 신도에게 어쩌면 좋으냐고 물었습니다.

쉬운 해답이 있다고 말했습니다.

동그란 선 중간을 발로 밟으면 밖도 아니요 안도 아니니 그것이 정답이라고.

석연치 않은 해답이라고 생각하며 동자승은 마당을 거닐며 다시 깊은 고민에 빠져 있었습니다.

그러다가 우연히 눈에 띈 마당 저편에 걸려있는 빗자루를 보았습니다.

아! 하고 깨달았습니다.

빗자루로 원을 지워버리면 아주 원 자체가 없어지는 것.
안도 밖도 아닌 무 상태.

설법을 하는 스님의 말씀.
어린 동자승도 고민하고 생각을 깊이 하면 깨닫는 것.
우리들도 무엇이든 다 깨달을 수 있는 능력.
부처가 될 수 있는 능력이 존재하는 것.

정말 오랜만에 좋은 말을 들었습니다.
나의 남은 생을 위해 생각을 할 수 있는 여지를 마련해야겠습니다.
무엇이든지 할 수 있다고 생각하면, 다 답이 온다고 생각합니다,

환!

천국에 가서 당신을 꼭 만날 수 있다는 염원을 하면서 오늘은 아름다운 피아노곡 '소녀의 기도'를 보내 드립니다.

천상으로 보내는 음악 편지 21

당신과의 추억을 자꾸 기억하며, 현실의 슬픔보다는 아무래도 과거에 집중하고 살아가면서 하루 몇 시간이라도 과거에 살며 그 행복 속에 그냥 나를 맡겨 보는 것입니다.

하나하나 추억을 들춰가며 그 속에 나를 묻어 버리면 그 속엔 당신과 같이 있기에 외로움을 잠시 잊을 수 있습니다.

아주 오래전 어느 늦가을이라고 생각됩니다.
당신과 롯데백화점에 들렀다가 명동 지하상가를 지날 때, 어느 전파사에서 들려오는 아름다운 선율.
우리 둘이는 누가 먼저랄 것도 없이 아! 저 멜로디 너무 좋다. 하고 당장 그 테이프를 사던 일(그땐 CD가 없었음.)
당신과 나는 항상 뜻이 통해 모든 일에 거의 늘 다른 이견이 없었죠.

환!
그때 우리 둘을 감탄하게 만든 그 멜로디를 들어 볼까요.
'브루클린으로 가는 마지막 비상구'를 말입니다.

천상으로 보내는 음악 편지 22

이 세상 생물들은 다 생을 받으며 태어나고 또 언젠가는 죽음으로 마무리합니다.

그 죽음이 있기에 유한의 삶이 더 빛나고 중한 것이지요.

그러나 사는 동안 우리는 죽음을 염두에 두지 않고 백 년, 천 년을 살 듯 우리 모두를 잊은 채 산다는 것에만 의미를 두고 살아갑니다.

천년을 살고 싶어 불로초를 구해 먹은 진시황도 죽음을 면치 못하는 사실을 생각해 봅니다.

내일의 헤어짐을 모르고 오늘이 영원하다고 믿는 우리들.

당신을 잃고 너무 억울하고 안타깝고, 때로는 이성을 잃을 정도로 당신이 너무 보고 싶어 나는 나를 지탱하지 못합니다.

지금은 죽음을 두렵다고 생각하지 않습니다.

죽으면 당신을 만날 수 있다는 희망 때문에 이젠 죽음이 전혀 두렵지 않습니다.

환!

오늘은 가곡 '동심초'를 보내 드리며 당신을 불러 봅니다.

천상으로 보내는 음악 편지 23

기상청 예보로는 한두 번의 장맛비가 더 있은 후로는 이제 장마는 끝이라고 했습니다.

35도의 폭염이 계속되는 요즘 더위를 피해 새벽 산책길에 나섭니다.
공원길에는 흙 내음, 풀 내음, 엷은 버섯 향기조차 향긋한 내음이 납니다.
하늘엔 엷은 황금색의 구름, 아침노을이 아름답습니다.
그 구름 위에 하늘나라로 가신 마지막 당신의 편안한 미소 띤 얼굴을 정좌해놓고 당신을 생각합니다.

반세기를 편안하고 성실하고 다정하게 살아온 우리들.
그 자체를 축복이라 생각하고 슬픔을 거두어야 한다고 생각하지만….

어느 요양 보호사의 말이 생각납니다.
남편들은 되도록이면 아내 앞에 편안히 먼저 가야 복된 삶이라고. 남자 혼자 남은 마지막 생은 모든 것이 불편해 너무 비참한 생이라고 했습니다.

무슨 뜻인지는 알 듯하면서도 잘 모르겠지만, 그런 생각을 하니 내 앞에서 당신과의 이별은 어쩌면 행복한 이별인지도 모르겠습니다.

그런 생각을 하며 연황금빛 구름 위에 당신 모습을 올려놓고 상상으로 바라보는 내 마음이 오늘은 슬픔보단 편안함이 물결 지는군요.

독일가문비나무에 둥지를 튼 참새 떼들이 어느 착한 이가 날마다 뿌려주는 수북한 모이를 주워 먹다가 인기척이 나면 다시 떼 지어 나무로 올라가는 아름다운 모습.

오늘은 왠지 삶이 신선한 아침입니다.
당신과 포도주를 들며 브라보를 부르고 싶군요.
설사 내일 또 슬프더라도….

환!
오늘은 황태자의 첫사랑 중에서 '축배의 노래'를 마리오 란자의 노래로 보내 드립니다.

천상으로 보내는 음악 편지 24

요즘 부쩍 잠자리가 늘어나더니 오늘이 입추랍니다.

기승부리던 무더위도 이젠 자연 순환의 법칙에 물러나게 되겠군요.

가을! 불러 보기만 해도 어딘가서부터 국화 향기가 실려 오는 것 같지 않습니까.

군 생활 시절 군대 정원에서 당신이 가꾼 하얀 작은 송이의 국화 다발을 안고 병원에 입원한 나를 찾아온 당신을 기억합니다.

제대 날을 앞둔 이십 대의 아주 순진한 모습.

세월이 빠른가 봅니다.

그 시절이 어느새 꿈처럼 흘러가 우리들의 만남이 반세기를 훌쩍 넘었으니까요.

우리들 사랑의 결실인 삼 남매가 튼튼한 울타리로 지켜주는 이생에서의 당신과의 인연.

행복했습니다.

환!

오늘은 가곡 '보리밭'을 보내 드립니다.

행복한 마음으로.

천상으로 보내는 음악 편지 25

며칠 있으면 말복입니다.
이제 정말 더위가 끝나는 계절이 되었습니다.

공무원 시절 흰 와이셔츠에 감색 정장을 입고 단정한 모습으로 출근하던 당신.
그 모습과는 달리 당신의 마음은 늘 베잠방이에 시원한 반바지를 입고 정원 나무에 흙을 돋아주고, 잔디를 깎고, 정원 한 귀퉁이에 작은 밭도 만들고 김장철엔 김장독 묻으며, 집안 이곳저곳 살피며 행복해하던 농부의 모습.

보리밥에 찬물 말아가지고 반찬은 오이지 하나만 갖고 나오라고 부탁하고는 땀을 베적삼 소매로 쓱쓱 닦던 당신.

아! 밥이 씹지도 않았는데 저절로 넘어가네.
오이지를 손에 들고 흐뭇하게 먹던 모습 그 일이 어제만 같습니다.
그날을 지금 이 순간으로 되돌릴 수 있다면 얼마나 좋겠습니까.

환!
오늘은 좀 경쾌하여 볼까요.
'베사메무초' 보내 드립니다.
농부 같은 당신의 모습 너무 그립습니다.

천상으로 보내는 음악 편지 26

당신이 나에게 남겨주고 간 슬픈 보따리를 안고, 나는 오늘도 어찌할 바를 모르고 당신을 그리워합니다.

남들은 나를 보고 말합니다.

이제 그 슬픈 보따리는 한옆으로 과감하게 밀어놓고 남은 인생을 위해 새롭게 시작해야 한다고.

과거라는 추억을 곱게 간직하고 또한 아름답게 잊어 가는 것도 진실한 사랑이라고 말합니다.

그 말을 수긍할 수는 없지만, 아주 틀린 말은 아니라고도 생각해 봅니다.

내 안에 자리한 당신과의 모든 사소한 일까지도 나는 추억하며 아파하지만, 결코 슬프기만 하지는 않는다고 생각합니다.

보람이었던 결혼 생활이라고 생각하며, 이생에서의 인연을 내생에서도 이어지길 바라는 간절한 소망.

그 소망을 안고 나는 오늘을 살아갑니다.

환!

우리 옛날 바닷가의 꿈을 그리며 토세리의 '세레나데'를 손잡고 불러봅시다.

천국으로 보내는 음악 편지 27

간밤엔 오랜만에 당신 꿈을 꾸었습니다.

등에 옷걸이 같은 것을 메고 있는 꿈, 하늘에서 무슨 일이 있는 것은 아닌지요.

더 편한 모습을 보았으면 좋겠습니다.

오늘은 남들이 바라보았던 우리 부부 모습을 기억해볼까 합니다.

1978년 우리가 갈현동 집을 지어 이사를 하고 아래층에 처음으로 세를 주었던 일.

파주에 집이 있는 자매들.

언니는 직장에 동생은 대학 2년생으로 아주 순수하고 착하게 생긴 처녀들이었죠.

그들이 본 우리 부부는 500쌍 중에 한 쌍이 나올까 말까 하는 행복한 부부라고 했었지요.

당신 같은 신랑감이 나타난다면 학교고 공부고 다 그만두고 시집가겠다고 우리 부부를 무척 부러워했었지요.

지금 그때 그 처녀들도 육십이 가까운 나이일 텐데 자녀들 다 키우고 지금 어디서 행복하게 살아갈지 궁금합니다.

결혼할 때 당신과 내가 약속했던 타의 모범이 될 가정을 꾸리자고 했던 일, 이루어 나가며 살았다고 자부합니다.

환!

다음 생에서도 우리 이생에서처럼 남들이 부러워하는 가정을 이루며 살 수 있겠지요.

오늘은 '**하와이안 웨딩송**'을 엘비스 프레슬리의 노래로 보내 드립니다.

천상으로 보내는 음악 편지 28

먼동이 트기 전에 산책길에 나섭니다.

산비둘기도 나처럼 잠을 잊었는지 일찍부터 구슬피 웁니다.

기집 죽고 자식 죽고 헌털배기 목에 걸고 구구구—

옛날 어느 남자가 너무 가난하여 처자식을 두고 돈을 벌려 머슴살이하다가, 집에 오니 아내와 자식이 모두 굶어 죽어 그도 같이 죽었는데 그 한이 되어 저 구슬픈 소리로 낮이고 밤이고 운다는 산비둘기 얘기를 당신에게 해주었더니 신기하다며 슬픈 영혼의 새라고 했었죠.

지금 그 새가 저리 슬피 웁니다.

아무래도 하늘에서 자기 짝을 찾지 못했나 봅니다.

가엾게도—

이른 시간인데도 공원에는 제법 운동하는 사람이 많습니다.

뇌졸중의 후유증으로 한쪽 몸이 불편한 사람도 더 이상의 불행이 없도록 운동하며 열심히 걷는 모습.

당신이 줄 끈을 잡고 팔 운동하던 운동기구 앞에 다른 사람이 열심히 하는 모습에 새삼 당신을 여읜 나를 느끼며 몸의 중심이 휘청합니다.

환!

오늘은 슈만의 부인인 클라라를 마음속으로 평생토록 연모했던 브람스의 사랑 '클라라에게 보내는 편지'를 보내 드립니다.

천상으로 보내는 음악 편지 29

어제쯤 풀을 깎았는지 공원 공기는 풋풋한 풀 내음으로 싱그럽습니다.

아마 당신하고 같이 걸었으면 이 냄새에 당신은 퍽 즐거워했을 것입니다.

나는 지금 거의 하루의 전부를 당신 생각으로 당신 향한 그리움 앓이로 아무것도 계획 없고 모든 일 하고 싶은 생각이 없습니다.

그냥 당분간, 아니 언제가 될지 모르는 이 상태로 당신 생각으로 모든 시간을 보냅니다.

환!

오늘은 바이올린의 연주로 멋있는 '**오래된 로망스**'를 보내 드립니다.

천상으로 보내는 음악 편지 30

장마가 계속되는 어느 여름밤
잠시 비가 그치고
먹구름을 헤치며
맑은 모습을 하고
잠시 나온
둥근 달님

그 신선한 달님처럼
당신이
내 꿈에 나타난다면
난 반가움에 당신을 잡고
얼마나 울까
보고 싶었노라고.

꿈이면서도
꿈이 아니길 바라며
밤이 새지 않기를
꿈이 깨지 않기를 바라며
눈을 뜨지 않을 것입니다.

환!
오늘은 '옛 시인의 노래'를 보내 드립니다.

천상으로 보내는 음악 편지 31

오늘은 유난히 날씨가 맑습니다.

어쩌면 가을을 닮아가는 푸른 하늘입니다.

공원은 오늘 유난히 삶의 모습이 힘차군요.

파크골프 하는 노년층과 조기 축구하는 젊음들이 운동하는 모습이 보기 좋습니다.

간간이 들리는 노년들의 웃음과 조용히 주고받는 대화들.

어느 찬스마다 질러대는 함성의 젊은이들.

공원이 젊음으로 가득 차는군요.

느티나무의 품 넓은 푸른 그늘, 계수나무, 중국단풍, 공원 경계 가장자리를 주로 차지한 스트로브 잣나무, 목련, 왕벚나무 낙상홍 자귀나무, 은행나무.

한창 녹음이 우거진 공원. 배롱나무에는 분홍빛 꽃송이가 되는.

모두가 다 그대로인데 당신만 없는 지금, 이 허전한 슬픔을 난 어찌 이겨내야 좋을까요.

환!

오늘은 '쇼팽의 이별곡'을 보내 드립니다.

천상으로 보내는 음악 편지 32

당신은 나를 아내로 정중히 대하다가도 가끔 나를 어린 소녀로 대할 때가 있습니다.

언젠가는 드러누워 당신은 팔을 양쪽으로 뻗어 베개를 만들고 한 팔에는 어린 두 딸을, 또 한 팔에는 나를 베개를 해주고는 "나는 딸이 셋이야 아주 큰 딸과 어린 두 딸, 내가 보살펴 주어야 하는 딸들이지." 하며 행복해하던 당신.

그 보석과도 같은 시간이 지금 행복하기만 했던 그 날들 때문에 나는 그 생각으로 더욱 슬프기만 합니다.

그런 행복을 몰랐으면 이다지 지금 가슴 아프지는 않을 것입니다.

환!
당신과 나는 전생에 누구였을까요.
누구였기에 그렇게 서로에게 다정함을 가졌을까요.
오늘은 색소폰 연주 '잠자는 호수'를 보내 드립니다.

천상으로 보내는 음악 편지 33

오늘 용인 평온의 숲 당신 집에 간 것 아시나요.

어제 화선지에 예쁜 연꽃 피운 그림 편지랑 함께 준비해서 이 서방과 민정이 데리고 갔었지요.

당신한테 갈 적마다 유난히 화창하던 날씨가 오늘은 날이 갈수록 슬퍼지는 내 마음같이 비가 많이 오고 있어요.

당신 집 대문에 연꽃 카드를 달아드리고 당신 그리는 편지.
민정이 내외가 집에 와서 나와 같이 산다는 내용.
당신 뜻도 그러리라는 동의를….

무심한 침묵 속의 분위기에 당신에게 읽어드리는 편지.
나를 기다리며 잘 계시라는 사연 당신은 느끼셨는지요.
모든 것이 허망함만 느껴지는 이 고요의 집.

환!
오늘은 사랑의 묘약 중에서 '남몰래 흘리는 눈물'을 보내 드립니다.

천상으로 보내는 음악 편지 34

사람은 어머니 배 속에서 나올 때 세상을 향해 첫울음을 터뜨립니다.
왜 울음을 우는지는 과학적인 설명이 있겠지만, 그보다 인간적인 면에서 생각하고 싶습니다.

어릴 적 옛 할머니들이 주고받던 얘기를 들은 적이 있습니다.
이 세상에 아기가 태어날 때 우는 것은 이 험한 세상에 나는 앞으로 어떻게 살아갈 것인가 하고 두려워서 우는 것이라고….

어쩌면 철학이 배인 진실인지도 모릅니다.
인간이 되기 위한 모든 고난 겪으며 성인이 되기까지 희로애락 그리고 종래엔 생로병사의 이생과의 고별.

태어날 때는 자기가 울고, 세상을 이별할 때는 남이 울어주는 인간들만이 하는 행위.
동물들은 태어나도 울지 않고, 죽어가도 울지 않는 무념 아니 그 무념 속엔 인간보다 더 크고 깊은 아픔과 순수함이 깃들어 있는지도 모르겠습니다.

환!
오늘은 '하얀 손수건'을 보내드리며 이별의 슬픔을 생각해 봅니다.

천상으로 보내는 음악 편지 35

잃는다는 것에 대해 생각해 봅니다.

아무리 하찮은 것이라도 잃어버리면 마음이 쓰입니다.

늘 손가방에 넣고 다니는 손수건 한 장이라도 잃으면, 며칠이고 생각하며 아까워 잃어버린 것에 대해 집착을 합니다.

하물며 당신을 잃음이야 어디에다 비할 수 있겠습니까.

하늘이 무너지고 땅이 꺼지는 감당이 안 되는 형벌이 아닙니까.

일심동체. 마음과 마음을 엮고 사랑의 손길과 손길을 엮은 영과 육이 합치된 영혼.

그 소중함을 잃음은 나의 생명 한 편을 잃은 것.

당신 없는 남은 생을 살아야 하는 나는 온전할 내가 아닐 것 같습니다.

환!

나는 어느 방향으로 갈지 모르고 헤매이는군요.

오늘은 '검은 상처의 부르스'를 보내 드립니다.

천상으로 보내는 음악 편지 36

삶의 무게에 대해서 말한 어느 스님의 말씀을 떠올려 봅니다.

잠이 든 사람의 무게와 깨어있는 사람의 무게가 저울에 달아보면 같을지 모르지만, 실제로 들어 올리는 감각은 잠이 든 사람의 무게가 훨씬 무겁게 느낀답니다.

왜 그런지는 스님의 견해를 들어봅니다.

가령, 잠이라는 것은 단순히 잠을 잔다는 것만이 아닌 잠의 정의가 번뇌, 망상, 집착, 욕망 같은 어리석은 고뇌가 삶의 무게를 들게 한다는 것.

깨어있는 지혜가 없고, 어리석은 번뇌에 끄달려 잠에 빠져있으면 삶을 무겁게 산다는 의미.

본래 나에게 붙어있는 집착, 망상, 번뇌의 업의 무게를 생각해 봅니다.

당신과 함께 이런 문제도 논하면서 바르게 살자고 말하며 날을 새우고 싶은 밤입니다.

환!

오늘은 '밤하늘의 트럼펫'을 보내 드립니다.

천상으로 보내는 음악 편지 37

갈현동에 짓는 집이 거의 완성될 무렵의 어느 날 당신은 안방 창문을 열고 밖의 정원을 보며 깊은 생각을 하는 듯했습니다.

당신의 사색을 방해할까 봐 그냥 조용히 다가갔었죠.

당신은,

"쉿, 조용. 내가 이렇게 행복해도 되는지 몰라. 행복하다고 말하고 싶어도 말할 수 없어. 신도 인간이 행복하다고 말하면 질투를 느껴 방해한다고 해. 우리 아무 말 하지 말자."

그냥 이렇게 조용히 내 손을 가만히 잡아주던 당신.

어둠이 조용히 내리고 우리는 촛불 밝히는 희망으로 행복해 있었죠.

그렇게 오래도록 그런 분위기를 공유하고 우리는 다복한 나날로 살았습니다.

환!

오늘은 어느 사람이 매일 전차를 타고 슈베르트의 묘소를 지나면서 그를 생각해서 작곡한 곡인데, 차표 뒤에다 오선을 그리고 작곡했다는 가느다란 바이올린의 음률.

'추상'을 보내 드립니다.

천상으로 보내는 음악 편지 38

공원에는 심심찮게 유모차를 끌고 다니는 할머니들이 있다.

나는 2년 전까지만 해도 그 유모차가 할머니들의 버팀목이 되는 의료기인 줄 몰랐다.

아기도 태우지 않는 유모차를 그냥 밀고 다니는 할머니들을 이해 못 했다.

나중에 그 이유를 알고, 나는 이 시대에 살면서 너무 둔한 처세로 세상을 살아가는 것 같아 부끄러웠다.

나날이 모든 것이 발전하는 시대. 아니, 하루 한 시간인들 제자리에 멈춘 것이 없는 변하는 시대의 속도에 그냥 아연할 수밖에.

100세 시대라는 이 세상의 흐름에 먼저 가신 당신을 아깝게 안타까워하며 나는 오늘도 저세상에 가서 언젠가 당신과의 해후를 소망해 봅니다.

환!

베토벤의 '**월광 소나타**'를 보내 드립니다.

천상으로 보내는 음악 편지 39

벚나무 밑 도로를 지나는데 나무에서 죽은 매미 한 마리가 내 발등에 떨어졌다.

미련 한 점 없는 죽음의 모습.

7년 땅속의 인내로 살다가 세상 살아보기 고작 2주 여간.

울음의 목적으로 태어난 듯 한껏 울다가 짝을 찾고 생을 마치는 매미의 생애가 깔끔한 모습으로 보이네.

삶에 대한 미련은 모든 망상에 끄달려 괴로운 무게로 허덕이는지 모르겠다.

환!

오늘은 '헝가리 무곡 5번'을 보내 드립니다.

사랑해요. 환!

천상으로 보내는 음악 편지 40

단일민족이니 백의민족이니 하는 우리나라의 대표적인 상징이 이미 오래전 옛날로 돌아간 요즘, 글로벌 시대를 맞아 특히 농촌에 외국인 며느리가 늘어나는 현실도 퍽 오래전 일이 되었습니다.

그래서인지 그들 나라의 기후마저도 갖고 온 듯 우리나라의 날씨가 아열대기후로 변해 심상치가 않습니다.

요즘 하루에도 몇 번의 변덕스런 날씨가 요동을 치는군요.

금세 햇볕 비치다가 부분적으로 소나기, 다시 맑고, 다시 금세 흐리고.

지구의 온난화가 모든 자연과 사회까지 바꿔놓고 세계 곳곳에 자주 나타나는 재앙, 지진, 가뭄, 홍수 등등…. 이 불확실한 안전지대의 시류.

점점 사악해져 가는 인간들의 행태에 불안한 현실, 나는 생각합니다. 내 앞에서 편안히 하늘로 가신 당신을 어쩌면 슬픔 속에서도 다행이라 생각합니다.

환!

오늘은 아름다운 선율의 인디언의 음악 '대답 없는 사랑'을 보내 드립니다.

천상으로 보내는 음악 편지 41

450년 전 조선 선조 원년(1568년)에 한 여인이 죽은 자신의 지아비에게 쓴 편지가 지난 1998년 5월 고성 이 씨의 후손들이 묘를 이장하다 미라 위에 얹혀 있던 아내의 편지.

남편 나이가 31세 된 해에 어린 아들과 뱃속에 있었던 아이를 둔 채 이승을 떠난 남편을 잃은 슬픔을 참지 못해 쓴 글을 읽어봅니다.

원이 아버지에게.

당신 언제나 나에게 둘이 머리 희어지도록 살다가 함께 죽자고 하셨지요. 그런데 어찌 나를 두고 당신 먼저 가십니까?

당신 나에게 마음을 어떻게 가져왔고, 또 나는 당신에게 어떻게 마음을 가졌었나요.

함께 누우면 언제나 나는 당신에게 말하곤 했지요.

"여보, 다른 사람들도 우리처럼 서로 어여삐 여기고 사랑할까요? 남들도 정말 우리 같을까요?"

어찌 그런 일들을 생각지 않고 나를 버리고 먼저 가셨나요?

당신 여의고는 아무리 해도 나는 살 수 없어요. 빨리 당신에게 가고 싶어요.

나를 데려가 주세요.

당신을 향한 마음을 이승에서 잊을 수가 없고….

이 절절한 사연. 그 시대에도 이런 표현을 할 수 있는 여인이 있었다는 놀라운 사실.

아! 그 여인의 심정이 지금 바로 환을 그리는 나의 심정입니다.

환!
오늘은 가곡 '진달래꽃'을 보내 드립니다. 언젠가 당신 편지 속에 보내온 진달래를 생각합니다.

천상으로 보내는 음악 편지 42

산 자와 죽은 자가 한데 어울려 희로애락을 즐기며 사는 세계가 있다. 이승도 저승도 아닌 시공을 초월한 꿈의 세계와 한 줌의 재로 흩어진 육신의 소멸.

다시는 영영 볼 수 없는 그리운 사람들을 아마 신이 인간들을 가엾이 여겨 생각을 먹으면 볼 수 있는 꿈의 세계를 만들어 주셨나 보다.

2014년 11월의 어느 날 노트에 쓴 글입니다.

어젯밤 당신의 꿈을 꾸었습니다. 정말 다시 볼 수 없는 당신을 꿈에서는 볼 수 있으니 이런 다행이 어디 있을까요?

이젠 이 꿈이라는 희망으로 당신과의 만남을 기대하며 살아갈 수 있습니다. 아무리 생각해도 꿈은 너무 신기하다고 생각합니다. 꿈에라도 볼 수 있는 지금의 나날들. 어떤 위로보다 최상입니다.

어젯밤 꿈에 당신이 말했어요.

"어느 병원에 갔어도 나는 끝이었다고. 다시 말해서 당신은 수명껏 살았노라고."

아! 조금만 더 건강하게 내 곁에 있어 주었으면.

환!

당신 없는 가을을 맞이하게 되는군요.

오늘은 '인생은 미완성'을 보내 드립니다.

천상으로 보내는 음악 편지 43

삶의 애착

이승
저승
자다 깨어나면 이승
자다 영영 깨어나지 못하면 저승
살 만큼 다 살아
신체 부위마다 둔해져
거동이 불편한 나이 많은 노인도
오랜 지병으로 회복 불능의 고치지 못할
희망 없는 환자도
삶의 애착은 다 같아
저승으로 떠날 마음의 채비 뒤로 미루고
하루라도 더 이승에 머물기를 원한다

환!
2014년 어느 날에 썼던 「삶의 애착」이라는 시(詩)입니다.
아무리 애착을 갖고 살아본들 결국 생명의 인연 다 하면 모두와 이별하는 것, 그 아픔을 갖고 나머지 삶을 살아가는 우리들.
내일이면 9월.
당신 안 계신 첫 9월을 맞아야 하는 아픔입니다.
오늘은 벤처스 악단의 연주로 **'9월이 오면'**을 보내 드립니다.

천상으로 보내는 음악 편지 44

당신 모습 보고자 1991년 6월 30일~7월 2일간의 서울법무사협회가 '사할린동포가족찾기운동' 사전 답사를 위해 수석 법무사들로 구성된 일행의 행적이 비디오에 담은 것을 오늘 보았습니다.

그때 당시 당신은 치아를 척출한 것이 염증이 생겨 치주염과 함께 무척 고생을 하며 여행을 했었습니다.

화면에 보니 얼굴이 핼쑥한 모습에 새삼 더 가슴이 아픕니다.

그래도 살아생전 당신의 젊은 모습을 보니 잠시나마 당신이 살아계시는 듯 착각에 마음 따뜻했습니다.

보는 김에 법무사분들의 태국과 베트남 여행도 보았습니다.

그냥 그 사진대로 지금 건강하게 내 곁에 있으면 얼마나 좋을까. 망상도 해봅니다. 옛날 같으면 이런 살아계신 움직이는 사진을 본다는 것, 꿈도 꿀 수 없는 일이기에 이것만으로도 너무 감사하는 마음입니다.

그런데 왜 이렇게 가슴이 아플까요.

환!

우리 옛날에 동창 망년회에 가서 노래하는 타임에 우리 차례에 나가 손잡고 같이 부르던, 동그라미하고 시작하며 부르던 '얼굴'을 보내 드립니다.

천상으로 보내는 음악 편지 45

어제 당신을 생각하며, 또한 상심하며, 당신과 법무사분들의 행적인 비디오를 오래도록 보아서인지 오늘 아침은 일어나기 힘드는군요.

기동하기 힘들어 당신 생각하며 하는 아침 산책도 못 했습니다.

손 하나 까딱하기 어려울 정도의 기력도 없습니다.

이러다가 나도 빨리 당신 곁으로 가는가 생각되는군요.

당장 그러고도 싶은 심정이지만, 아이들의 슬픔 때문에 단순히 원할 수도 없군요.

아! 정말 이대로 당신 곁으로 가고 싶습니다.

민정이가 힘없는 내 모습에 놀라 서둘러 강제적으로 기분을 바꿔야 한다며 그림을 그리라고 강권하여 힘에 부치는 데도 그림을 시작했습니다.

추석 때 당신께 꽃 대신 가져가는 그림 수련을 그렸습니다.

당신을 위하여 그리는 시간이기에 약간 마음이 안정되었습니다.

환!

오늘은 슈베르트의 '아베마리아'를 보내 드리며 마음을 달래봅니다.

천상으로 보내는 음악 편지 46

“잠시 머무는 인연들에게 연연하지 마세요.
이 세상 모두 다 뒤져 찾아보아도
영원한 내 것은 하나도 없습니다.
소중한 가족들도 하다못해 아끼는 책들도
인연이 다 하면
다 뒤로 두고 떠나야 하니까요.”

어느 날의 일기처럼
어느 것에도 머무름 없이 떠나는 것이
우리 인생인데 떠나는 것에 대해
슬픈 애착에 머무는 마음을 가눌 길 없습니다.
알면서도 아픈 마음은
아플 수밖에 없습니다.
나도 떠나야 하는데도.

그러나 나는 목적이 있습니다.
무작정 떠나는 것이 아닌
당신을 만나러 떠나니까요.

환!
오늘은 ‘G선상의 아리아’를 보내 드립니다.

천상으로 보내는 음악 편지 47

떡잎

촉촉한 땅에 씨앗을 심었다.

발아를 위해 준비한 땅이기에
차분하게 기다리면 된다.

기다림은 상상의 나래를 펼치고
꿈도 구름처럼 푸르게 부풀어간다.

그렇게 꿈을 꾸듯 몇 날 며칠이 지난 어느 날
푸른 두 잎이 이슬을 받고 땅 위로 쏘옥 올라왔다.

땅속에서 두꺼운 껍질을 깨는
인고를 견디고 삶을 만나려는 생명이 경이롭다.

환!

1960년 우리 만나 떡잎으로 시작한 사랑, 그 나무는 오랜 세월을 지나 3남매의 열매를 튼실하게 달고, 이제 우리는 당신을 먼저, 나 또한 갈 준비로 하늘의 해후를 기다리며 '**철도원**'을 보내드립니다.

제 02 부

천상으로 보내는 음악 편지

천상으로 보내는 음악 편지 48

눈에 띄게 하늘이 높아지고 아침 공기는 제법 싸늘합니다.

오늘은 좀 늦게 산책에 나서서 아이들 등교와 마주쳤습니다. 고학년과 저학년의 크고 작은 아이들의 등교 모습을 보면서 그냥 귀여운 생각에 당신 생각을 잠시 쉬고 마음이 부드러워졌습니다.

그런데 한 4~5학년이나 될까 하는 제법 큰아이가 엄마에게 매달리듯 반은 껴안고 가는 모습에 눈이 멈췄습니다. 별 뜻 없이 그냥 아들이 좋아서인 듯 학교까지 저 큰아이를 바래다주는 모양이지만, 그 아이 나름대로 의젓하지 못하게 하는 저 엄마의 아이 키우는 사랑 교육법은 아니라고 생각합니다.

아이들이 단계적으로 성장하는 과정에 따라 홀로서기와 자기 분수를 알게 하여 책임성과 노력을 가르쳐 주어야 하는 교육. 오늘의 젊은 엄마들은 어쩌면 자식이 하나 아니면 둘이라는 많지 않은 때문인가 과보호에 너무 힘을 쓰는 것 같습니다.

이 시점에 당신과 나의 교육법을 새삼 생각해봅니다.

일주일에 한 번씩(일요일) 책상 정리와 그간에 공부했던 노트 검사, 만약 책상 정돈과 노트 정리에 부족한 준비라면, 그 대가의 반성으로 종아리에 회초리 3대씩.

다음엔 예의와 도덕심을 가르치고….

우린 자식의 교육으로 쓰일 소중한 회초리이기에 예쁜 비단 보자기를 장만하여 삼 남매, 각자의 매를 가지런히 담아 아이들의 훈육으로 사용했지요.

그때 우리들이 사랑의 매로 예의와 해야 할 일들을 가르쳤던 삼 남매들은 지금 바른 모습으로 잘살고 있잖아요.

아이들의 서정을 위해 아침이면 거실의 전축으로 클래식 음악을 크게 틀고 아침 기상을 알리던 당신.

엄하지만 다정하고 배려 깊었던 아빠였지요.

환!

오늘은 슈만의 '트로이메라이'를 보내드리며 젊은 날의 그 아빠 모습 당신을 그리워합니다.

천상으로 보내는 음악 편지 49

백중회향일. 10시경 출발. 민정이와 함께 백중제를 지내러 수국사에 다녀오다. 회향일이라 많은 신도들로 법당이 차고 밖에도 많은 신도들로 붐볐다. 통도사에 계셨다는 초청 스님의 법문 중 100%의 인간 고뇌 중 60%가 지난 것에 대한 고민이고 20%가 다가올 앞으로의 일을 미리 걱정으로 된 고민, 16%는 쓸데없는 고민, 4%만이 현재의, 지금의 고민이라 한다.

지난 일로 마음 상하는 60%의 고민은 물 흘러가듯 흘려버리고, 아직 오지도 않는 20%의 걱정은 미리 할 필요 없이 오늘을 잘 살 생각을 하고, 걱정을 사서 하는 안 해도 될 걱정을 16%나 하는 어리석음도 물 흐르듯 흘려보내라는 말씀.

정말 생각해야만 할 말씀이다. 백중날 맞이에 좋은 법문 들었다. 그이도 제단 위에서 들으셨을 것이다. 이미 과거가 된 일을 고민한다는 것은 안 될 일이지만, 그 일을 거울삼아 현재를 깨달으며 살면 현명한 삶이 될 것이다.

영가들이 안치된 법단에 당신과 조상님들께 향 두른 잔 올렸습니다.

환!

그러나 이미 당신은 과거의 사람이 되었지만, 나는 당신을 과거라 생각지 않고 현재와 미래까지의 마음으로 이어지며 살고 싶습니다. 정신적인 사랑으로.

오늘은 당신이 좋아하는 **'페르시아의 시장'**을 보내 드립니다.

천상으로 보내는 음악 편지 50

민정이 내외가 우리 집으로 들어온 지도 내일이면 만 한 달이 되는군요. 지난 8월 8일에 왔으니까요. 그간 나는 혼자 우리들의 편지 금혼 기념의 서간문집 출간을 위해 노트에 필사하느라 많이 슬퍼하면서 울다가 보고 싶어 울다가 절망하며 울며 몇 달을 지냈었지요.

지금은 아이들 때문에, 그리고 시간도 좀 지났기에 그때처럼 생살 찢어지는 고통은 가셨다지만, 이 가슴 안으로 자리한 그리움과 절망은 내가 눈 감기까지 가셔지지 않을 아픔입니다.

날마다 너무 보고 싶고 미치도록 생각나는 당신.

어젠 민정이 결혼 20주년. 오늘 이 서방이랑 같이 옛날 우리들의 신혼여행지인 경포대를 갔습니다. 잠시 바다를 보고 넓은 마음을 가져보고 싶다고요.

요즘 그 애들 때문에 나는 어느 늪에서 빠져나온 느낌입니다. 애들과 더불어 열심히 살아볼게요. 결혼 20주년 기념으로 간단한 금일봉과 민정이에게 14K 예쁜 귀걸이를 선물했습니다.

세월이 너무 빠르군요. 며칠 전에 우리들의 첫 경사 민정이의 결혼식 비디오를 보았습니다. 건강하고 젊은 우리들의 모습. 그냥 눈물 흘리며 보았습니다. 당신이 살아계신 것만 같아서.

환!

오늘은 '백조의 호수'를 보내 드립니다.

천상으로 보내는 음악 편지 51

오늘은 50년이 넘은 당신의 편지를 봅니다.

지금 본 편지는 1967년 6월에 서울지방검찰청으로 첫 출근한다는 내용.

그간에 직장 관계로 많은 날을 고민에 고민.

그 노력을 60 : 1이라는 경쟁을 뚫고 장하게 노력의 결과를 본 당신.

더구나 직장을 다니면서 그 이직 준비를 해온 당신은 정말 불굴의 의지 아니면 할 수 없는 사투였습니다.

우리는 그해 11월에 결혼을 했고 어머님이 타계하실 때까지 10년을 모시며 행복하게 살았지요.

삼 남매 손주들을 금쪽같이 아껴주셨던 어머님.

당신 그 하늘에서 어머님 만나 뵈셨습니까.

지난날을 생각해 봅니다.

1960년 초 가난한 나라이며 또한 가정적으로 너무나 가난한 우리들의 삶이지만, 나는 그래도 그 와중에 꿈이 있었죠. 내가 결혼해서 경제가 좀 괜찮아지면 나의 서실을 갖고 싶다고.

생각하면 꿈도 야무졌죠. 그 시절에 감히 그 여유로운 생각을 하다니. 결혼하면 살 보금자리도 없는 형편에.

그러나 당신과 나는 결혼해서 근검절약으로 꾸준히 노력해 공무원의 봉급으로도 오늘날 넓은 개인 주택도 살아 보았고, 내 취미와 소질도 살려주어 서예와 그림, 문학 공부까지 외조를 해주어 유감없는 취미 활동을 하게 해주었습니다.

당신의 사랑을 과분하게 받으며 살아온 결혼생활 50여 년.

나이 들어 넓은 개인 주택 살기가 어려워 단출한 아파트로 이사 온 지도 14년.

그래도 큰 방이 4개나 되는 중형 아파트에 방 하나를 "하전산방"이라는 나의 작업실을 만들어 주어 나의 꿈이 항상 이곳에서 생성하게 해주신 당신.

내가 그림이나 서예를 쓸 때면 "잘 되어 가십니까." 하며 녹차와 과일을 깎아 준비해 책상 위에 놓아주며 흐뭇하게 미소하시던 당신.

이제 나의 산방에 다시는 당신이 올 수 없음에 나는 때때로 절망을 합니다.

그래도 당신 만날 때까지 참아야지요.

50년 전 그때 우리들의 신혼여행지 경포대 호텔 214호실을 기억합니다.

바닷가를 손잡고 거닐던 우리의 행복했던 날들….

우리들의 첫 열매인 민정이가 신랑과 함께 그 바닷가를 거닐 생각을 하니 대견함과 흐뭇함이 드는군요. 그런데 당신이 너무 보고 싶군요.

그리움의 파도가 가라앉지 않는군요.

환!

오늘은 '드리고의 세레나데'를 우리 같이 손잡고 부릅시다.

천상으로 보내는 음악 편지 52

요즘 공원엔 당신과 내가 좋아하는 꽃사과가 빨갛게 익고 있습니다.

이 꽃사과를 보면서 당신 생각을 하고 걷고 있는데 뒤에서 귀에 익은 클래식 음악이 들려옵니다.

귀에 익어도 곡명은 생각이 안 나 궁금해하며 걷는데 그들이 걸음이 늦은 내 앞을 지나가고 있습니다.

60대 초반쯤 될까, 보이는 부부인 듯 아주 건강한 모습의 그들은 퍽 행복하게 음악을 들으며 얘기를 주고받는 모습. 새삼 부러움이 느껴지며 혼자된 나의 처지가 마냥 슬퍼지는군요.

지난날의 우리도 이런 행복을 누렸는데….

당신의 윗옷 주머니에 MP3를 넣고 이어폰 하나씩 나눠 각자 귀에 꽂고 우리가 좋아하는 음악을 벤치에 앉아 공유하고 듣던 시간들…. 우리도 누구 못지않게 다정하고 행복했었는데….

환!

나 차라리 빨리 당신한테 가고 싶군요.

모든 것 다 팽개치고….

이운상 시 김동진 작곡의 '**가고파**'를 보내 드리며 당신과 같이 지냈던 일들을 그리워 당신을 부릅니다.

천상으로 보내는 음악 편지 53

당신이 하늘로 가신 지 200일이 되는 오늘. 저녁을 먹고 산책에 나섭니다. 나 혼자 있을 때는 생각도 할 수 없는 일. 왜냐하면 나갔다가 아무도 없는 집안에 들어오기란 어두운 적막이 너무 무서워서이지요. 이제 민정이네가 있으니까 마음 놓고….

어둠을 밝히는 불빛들이 찬란한 거리. 낮보다 더 분주한 사람들의 오고 감. 구청 앞의 뜰, 벤치, 순두붓집, 극장, 은행, 병원, 약국, 세이브존, 롯데마트 등 당신과 함께 발자취를 남긴 것들 다 그냥 있는데….

화정역 로데오 거리는 밤을 시작하느라 들뜬 것 같고, 어디선가 마르티니의 '사랑의 기쁨' 곡이 들려오고 있습니다. 당신과 손잡고 부르고 싶은 저 노래!

어두운 밤하늘을 쳐다봅니다. 하늘 어디선가 당신이 나를 내려다보는 것만 같은 느낌입니다. 자식들의 울타리가 없었으면, 이 아픈 고독을 어찌 이겨낼 수 있겠습니까.

환!
오늘은 인디오가 들려주는 **'철새는 날아가고'**를 보내 드립니다.
아! 당신 안 계신지가 어느새 200일. 내 아픔도 200일이 진행되는군요.

천상으로 보내는 음악 편지 54

철이 든다는 것

철이 든다는 것 아파도 아프다고 말하지 않고
안으로 참아내는 것

슬퍼도 슬픈 표정 드러내지 않고
안으로 접어두는 한숨

철이 든다는 것 참는 법을 알아내고
참아서 이겨내는 슬기도
이겨서 인격을 석축처럼 쌓아가는 것

어린애 같은 순수함은 없어도
그 순수함을 딛고 뿌리 깊고
가지 뻗어 훌륭한 큰 나무로 되는 것

환!

이렇게 이성적으로 시(詩)를 지어놓고도 나는 이성적이라기보다 어린애 같은 감성적으로, 지금 감추기보단 그냥 그대로 드러내놓고 슬퍼 눈물 흘립니다.

당신에게 나는 아직 철없는 아내인가 봅니다.

오늘은 냇 킹 콜의 '고엽'을 보내 드립니다.

천상으로 보내는 음악 편지 55

조개구름과 새털구름이 조화를 이루어 가을의 드높은 하늘에 명화를 그려내는 아침.

연 미색의 구름들이 참 아름답군요.

십여 그루로 이루어진 재래종의 아름다운 소나무들.

그중 튼실한 소나무에 기대 등치기, 배치기 등으로 운동하던 당신 모습을 떠올리며 오늘도

공원 그 소나무들을 유심히 보며 생각했습니다.

'소나무야 너희는 느끼느냐. 너를 찾는 누군가가 오지 않음을. 너희도 속으로는 궁금하고 슬프겠지.' 하고.

아! 절망은 죽음으로 가는 병이라고 어느 스님은 말씀하셨는데 나는 절망을 붙잡고 지금 어디에 섰는지 모릅니다.

하루하루 좋은 날로 바꾸라는 말씀도 하셨는데 무슨 기분으로 좋은 날로 바꿀 수 있겠습니까.

당신이 없는 지금에.

환!

오늘은 '다뉴브강의 물결'을 보내 드립니다.

천상으로 보내는 음악 편지 56

오늘 인사동에서 현주를 만났습니다.

나 혼자 구매해도 되는 일이지만, 나 혼자 처음으로 당신 차례상에 정좌해 놓을 위패를 사러 간다는 마음, 도저히 못 할 것 같아서지요.

현주와 만나서 같이 마음에 드는 것을 사고 점심을 먹고 오랜만에 바깥 구경을 했습니다.

자상한 딸하고 있는 순간이 너무 믿음이 가고 행복했습니다.

하늘은 구름 한 점 없는 새파란 가을, 너무 좋은 날씨입니다.

이런 계절 한 5년 아니, 5개월이라도 당신 아프지 않은 건강으로 더 사셨으면 얼마나 좋을까…. 현주하고 아빠 얘기를 하며 슬퍼했습니다.

아!

당신을 여의고 이번 추석 차례상에 부모님 옆에 당신의 위패를 놓아야 하다니. 정말 돌아오고 있는 추석 차례 날이 너무 두려워요. 그 슬픔을 어떻게 견뎌내야 할지….

내 생일이기도 한 그날, 당신 안 계신 생일을 처음 맞는 슬픔을.

환!

오늘은 '백조의 호수'를 보내 드립니다.

당신, 하늘에서 나 잊지 않았겠지?

천상으로 보내는 음악 편지 57

오늘 공원 산책길에 유난히 눈에 띈 은발의 두 할머니.

"오늘은 그래도 나올 만해서 나왔어요. 이렇게 괜찮다가도 어느 때는 꼼짝을 못 해 자리에서 일어날 수도 없어요."

애완견 줄을 붙잡고 걷는 할머니의 말.

"우리 몸뚱이 어디 성한 곳이 있나요. 여기저기 모두 아프고, 언제 저세상 갈지 모르지. 아플 때는 차라리 빨리 가고 싶은데. 그것도 내 마음대로 안 되니…."

다른 할머니의 말.

다리들을 절뚝거리며 사그라져 가는 육신의 고통을 하소연하며 천천히 걷는 모습.

잠시 푸른 하늘을 쳐다보며 벤치에 앉아 편히 쉬는 할머니들의 주름진 얼굴이 안쓰럽기만 하다.

환!

새삼 생로병사를 생각해 봅니다.

생을 버려야 할 때는 아픔과 고통이 따라야 하는 것을 늙음이 임박해서야 비로소 긴박하게 깨달아지는 것 같습니다.

오늘은 유열의 '지금 그대로의 모습으로'를 보내 드립니다.

천상으로 보내는 음악 편지 58

물거품이란 단어를 생각해 봅니다.

물의 근원에서 생겨난 거품. 잠시 뒤에 사그라져 존재가 없는 것. 모든 일에 허망하거나 일이 그르쳐질 때 물거품이 되었다고 합니다.

존재했지만, 결코 존재하지 않은….

우리 사람의 존재 또한 물거품에 비유하기도.

영원하지 못하고 사그라지는 찰나 같은 존재라고.

4차원의 세계에서 본다면 인간의 삶 자체가 한순간의 찰나인지는 모르지만, 난 당신과의 부부 인연의 사랑을 물거품과 비유할 수 없는 영원의 세계라고 믿고 싶습니다.

육신은 벗어놓고 헤어진다 해도, 영혼은 변함없는 영원이라고 생각합니다.

당신의 존재가 안 계신 지금 더욱더.

당신을 느끼며 사랑하는 마음 한이 없는 지금 안타까움으로 하루가 갑니다.

환!

오늘은 '**닥터 지바고**'를 보내 드립니다.

설경 속에 빛나는 닥터 지바고의 그 선한 사랑의 눈빛으로 어둠 속으로 가물어가는 라라 모습을 바라보는 사랑의 아픔입니다.

천상으로 보내는 음악 편지 59

9월 초에 등록한 문인화 교실.

배우지도 않고 결석부터 한 전주일이기에 오늘은 참석했다.

오랫동안을 붓과 멀었기에 그냥 서툴기만 하고 또한 마음으로부터 배울 의욕이 없기에 그냥 시간만 지나기를 기다렸다.

가르치는 선생님의 실력은 좋은 듯.

세이브존 1층 신발매장에서 민정이에게 어울릴 것 같은 편한 구두 한 켤레를 샀다. 잘 맞을까. 좋아할 얼굴을 생각하며 집에 오는 도중 피곤하여 잠시 벤치에 앉아 쉬다가 우연히 신발 봉지를 보다가 너무 놀랬다. 한 짝만이 있는 신발!

정신없이 온 길을 되돌아 걸으며 혹시 떨어진 신발을 찾으며 건 길…. 결국 매장까지 갔으나 헛일.

신발 한 짝 없어진 무게도, 그 감각을 모른 체 걷는 나는 그 순간에도 그이를 생각하며 걸었다. 앞으로 나의 이런 생활은 나를 비참하게 할 것 같다.

결국 신발 담은 봉지가 밑이 터져 신발이 떨어진 것이니까 매장에서 변상해 주기로 했다. 다행이지만 나의 생각 없는 무감각이 나를 슬프게 한다.

환!

당신에 대한 이 경황없는 집착에 나는 당황과 슬픔을 더 느낍니다.

오늘은 '**로미오와 줄리엣**'을 보내 드립니다.

천상으로 보내는 음악 편지 60

은희 동서를 위해 그린 흰 수련 그림이 완성되어 코팅해 놓았다. 아침 일찍 봉수 서방님과 승민이 조카가 왔다.

준비한 아침 식사를 같이하고 동서가 쉬고 있는 청아원으로 출발.

동서가 하늘로 갈 때 천식으로 가지 못한 미안함 때문에 늘 마음에 걸렸는데…. 도착해 동서를 납골함에 해후. 삶의 무상함을 새삼 느끼며 내 마음을 흰 종이 위에 적어 은희 동서에게 대답 없는 말을 전하다.

계속 오열하는 봉수 서방님을 보니 몇 년이 지나도 그 마음 슬프게만 머무는 사랑이 안타깝고 가엾다. 내 살아있는 동안 그를 외사촌 시동생이라 생각 않고, 그냥 동생이라 생각하고 잘해주고 위로해 주고 싶다.

찰나 같은 인생이라 했다. 슬픔 역시 찰나처럼 지나가려니. 하지만 그 찰나가 지금 내게는 찰나가 아닌 긴 슬픔의 터널만 같다.

환!
영화 '형사' 중에서 '죽도록 사랑해서'를 보내 드립니다.
너무 보고 싶어요.

천상으로 보내는 음악 편지 61

엊그제 현주네 사돈어른 서영이 할아버지가 당신 계신 평온의 숲에 가셨었는데 만나 뵈셨는지요. 아마 천주교회의 어느 신도분이 소천하셔서 그곳에 모셨기에 가신 기회에 당신을 찾아가셨나 봅니다. 당신을 위해 기도하시고 당신의 집을 스마트폰으로 촬영해 현주에게 보내주셨다는 얘기를 들었어요.

감사한 마음이지요. 제가 그린 연꽃 카드는 찍혀있지 않는 것이 아마 그곳 규칙상 거두어 가신 것 같군요.

아무리 날마다 당신 생각하면 뭘 합니까. 언제나 그리운 생각에 그치고 생활에 아무 변화 없는 이 적막한 마음.

추석이 다가오고 허물어져 가는 이 마음을 어떻게 추스르며 당신 차례상을 준비할지가 너무 두렵습니다.

환!

오늘은 '마리아 에레나'를 보내 드립니다.

천상으로 보내는 음악 편지 62

날씨가 아주 많이 쌀쌀하다.

새벽 4시에 일어나 기도하고 그이에게 가져갈 제물 음식 준비하다. 추석은 너무 복잡할 것 같기에 미리 성묘하기 위해서다.

현주와 평온의 숲에서 9시 30분경에 만나기로 해서 일찍 서두르다.

민정이 내외와 8시 20분 출발.

쭉 가는 길. 슬픔인지 포기인지 모를 젖은 감정으로 가다. 거의 맞게 도착해 현주네 식구와 함께 그이 있는 집으로 가다.

조용한 집에 유럽 여행에서 찍은 해변가 도시에서 활짝 팔을 뻗은 유쾌한 모습과, 민성이 군에 입대하기 3일 전에 찍은 다섯 식구의 가족사진이 우리를 반겼다. 이 허무한 만남을 내가 살아 있는 동안 해야 하는 슬픔이다.

오열을 해도 아무 반응 없는 그 사람.

아이들과 함께 저수지 앞에 있는 식당에서 아침 겸 점심을 먹다. 자식들이 나를 염려해 주는 효심을 받으며 마음을 달래본다.

환!

날이 갈수록 잊히기는커녕 자꾸 더 생각남을 어찌하면 좋을까요.

오늘은 '바람과 함께 사라지다'를 보내 드립니다.

천상으로 보내는 음악 편지 63

추석날.

조상님들에게 올릴 음식을 준비해 차례상을 마련하고 예를 드리는 날. 작년에는 차례상에 절을 드리지는 못해도 그냥 소파에 앉아 참석했던 당신. 올해 부모님 신위 곁에 당신도 나란히 계실 줄 꿈에도 생각하지 않던 일. 이 허망함에 망연자실하며, 그래도 현실을 인정해야 하는 이 아픔에 경문을 읽으면서도 오열을 금치 못하는 이 슬픔을 당신은 아시는지요?

다 큰 외손주들이 마지막 잔을 올리는 대견함에도 나는 눈물을 흘려야 했습니다. 자식들을 위해서 오래도록 슬퍼할 수만은 없는 입장. 삭이는 마음을 그 누가 알겠습니까.

언젠가 읽은 어느 수필의 문구를 생각합니다. '세월 앞에 모든 것은 모래성일 뿐. 세월이 덜어내지 못한 아픔은 없다.'고.

정말 세월이 당신 잃은 이 아픔도 조금은 덜어줄까요? 당신 없는 생일을 처음 맞으며, 또한 당신의 그 지킴의 그늘이 얼마나 든든했었나를 가슴 깊이 느낍니다.

환!

한없이 사랑하는 마음으로 오늘은 '티파니에서 아침을' 보내 드립니다.

천상으로 보내는 음악 편지 64

흐르는 세월 속에
삶의 행로 닻을 올리고
천천히 노 저으며
인생 여정을 시작하지요.

꽃이 피는 시절을 만나 아름답게 웃고
꽃이 지는 시절엔 슬프게 울어도 보고
폭풍이 몰아치면 목숨 내 거는 사투도 벌이다
다시 잠잠해지면 가만한 행복도 맛보고
그러다 보면
어느새 주름도 늘고
둥지에 있던 어린 새들은
제 짝 찾아 날아가고

황혼으로 접어든 나이는
바람에 나부끼는 풀잎만 보아도
가슴이 흔들리는 외로움
그나마 둘이 같이 있으면
그래도 견딜만한 일이거늘
보내지 않아도
갈 수밖에 없는 먼 길을

가야 하는 사랑하는 반려자
혼자 남은 무서운 적막
삶의 닻을 내리고 싶은 마음에
또 하루해가 저뭅니다

환!
'아드리느를 위한 발라드'를 보내 드립니다.

천상으로 보내는 음악 편지 65

환경에 따라 변하는 마음. 당신과 더불어 같이 존재할 수 없는 현실이기에 당신과 쌓았던 귀한 추억을 발췌해 회상하며 같이 있는 존재를 느끼려 합니다. 세월이 가도 풍화되지 않는 우리들의 기억.

현주가 예일여중 1학년 때 일이지요. 임원 어머니회 모임 중 취미활동을 서예로 선택한 나는 목요일마다 서실로 가서 수업을 했죠. 어느 날, 그날은 유난히 당신이 나보고 "오늘 공부 잘하고 와" 하며 기분 좋게 손잡아 주고, 나는 또 아래층 민이 엄마에게 오늘 "집 잘 봐요" 하고 여느 때는 부탁도 안 하던 말을 그날은 일부러 왠지 하던 날.

그리고 평소 밖에서 안 하던 점심도 회원들과 밖에서 하고.

그날 우리 집은 도둑이 들어와 거실에 있는 오디오와 함께 삼 남매 영어 공부를 위해 새로 구입한 카세트들. 그리고 어머님의 유품 금지환이며 내 패물. 이것저것 모두 들춰내어 시집올 때 해온 이불보를 꺼내 다 싸가지고 도망간 일. 아예 차를 가지고 온 듯 전부 싣고 가 버렸어요. 아래층 사는 엄마는 그날따라 이웃에 사는 친구가 시루떡 먹으러 오라고 해서 1시간 정도 비웠다고. 미안해서 우는 그를 나는 달래 주었지요. 도둑을 맞으려면 있어도 맞는다고.

서실에서 그 사실을 전화로 딸에게 듣던 나는 너무 놀래 얼굴이 백지장이 되더라고 같이 있던 엄마들이 말했죠. 그런 나를 붙들고 회원 엄마들은 택시를 같이 타고 집에 왔었죠. 도깨비가 다녀간 듯 어지러운 집안. 무서워서 울고 있는 현주.

나는 정신 나간 상태로 당신에게 전화했고. 당신은 침착하게 "걱정하지 말고. 놀라지 말고. 진정하고 있어 내 곧 갈 테니까."

당신의 든든하고 믿음직한 말.

오디오가 있던 자리가 빈 거실. 그 빈자리가 오싹할 정도로 무섭게 보이는데. 당신은 그날로 즉시 더 좋은 최신 오디오로 놓아주셨습니다. 겁쟁이인 내가 빈자리에서 느끼는 공포로 마음 상할까 염려되어 그날로 구입했다는 당신의 그 믿음직한 사랑. 나는 그렇게 항상 감동하고 살았습니다.

며칠 후, 회원 엄마들이 이 소식을 듣고 감동이라고 야단들이었죠. 어느 한 엄마의 말. 우리 신랑이 너무 자상하고 잘해주어 이 세상에 우리 남편이 최고라고 100점 만점을 주고 있는데, 그 위에 나타난 현주 아빠는 더 훌륭하니 알파 보너스까지 합쳐 120점의 최고의 남편이래요. 아마 당신은 그 당시 귀가 엄청 가려웠을 거예요. 그 회원 엄마들의 칭찬에.

당신의 사랑 아직도 더 받고 싶고, 나 또한 그 못지않은 사랑 당신에게 계속 주고 싶은데….

환!

오늘은 '스마일 어게인'을 보내드리며, 우리 그 옛날을 회상하며 함께 웃어볼까요.

천상으로 보내는 음악 편지 66

요즘 나는 이상한 버릇이 생겼습니다.

전에는 나이 지긋한 노부부가 나란히 같이 걸어가는 모습을 보면 아직도 저렇게 정정하게 같이 존재하니 참 보기 좋네 하며 생각했는데 요즘은 생각이 달라졌습니다.

둘이 한 번에 같이 죽을 수는 없는 것, 누가 먼저 저세상으로 갈지는 모르지만, 남는 사람의 아픈 몫을 어떻게 견딜까. 머지않은 날 저 두 사람에게도 반드시 겪을 그 아픔. 어떻게 하지….

나는 당신 잃은 아픔을 겪으면서 남의 일들까지 걱정을 하게 되었습니다.

남들도 다 그 아픔을 겪고 사는데, 아니 나보다 더 젊은 나이에 그 아픔을 겪고 씩씩하게 잘 사는 사람도 있는데 나는 어찌 이다지 심약할까.

아직 세월이 얼마 되지 않아서일까. 아니, 나는 세월이 많이 가도 이 슬픈 굴레에서 벗어나지 못할 것만 같습니다. 내 눈엔 항상 준비되어 있습니다. 당신 향한 그리움의 눈물이.

환!

오늘은 패티김의 '가을을 남기고 간 사랑'을 보내 드립니다.

천상으로 보내는 음악 편지 67

가을이 무르익어 갑니다.

보도블록 위에는 가로수의 낙엽이 많이 떨어지는군요. 제철인 국화가 만발하고 당신 안 계신 첫 가을을 맞는. 수십 년 전 젊은 당신이 눈물을 머금고 출근한 어느 날을 기억해 봅니다.

만취한 어느 날 밤.

당신은 술에 만취하면 겉 외투만 겨우 벗고 나머지는 손도 대지 못하게 하고 그냥 자리에 누워 꼼짝 안 하는 이상한 버릇이 있었죠. 아무리 달래고 애를 써도 손을 못 대게 하여 새벽까지 그냥 방바닥에 누운 채로 있어야 하는 아주 나쁜 습관 때문에 아침이면 접힌 채로 누운 팔이 저리고.

당시에는 침대가 아닌 온돌방이었으므로 요를 깔지 않으면 배기고 누워서 얼마나 몸이 무거웠겠습니까. 그런 상태를 어쩔 도리 없이 지켜보면서 나도 꼬박 밤을 새웠죠.

아침 해장국을 시원하게 끓여드리고 내가 한 말씀 했죠. 건강을 해치는 과한 술은 좀 삼가 하시라고.

대개의 아내들은 모르면 몰라도 남편이 만취해서 오면 우선 짜증부터 내고 어디서 이렇게 가누지 못할 정도로 마시고 오느냐고. 옷을 벗기면서도 눈살 찌푸리고 푸념도 하며….

하지만 어머님들은 다르실 것 같습니다. 같은 말을 해도 낮은 목소리로 '애비야 이렇게 가누지 못하게 마시면 몸 상할 텐데 좀 자그마치 마시지. 속이 얼마나 쓰릴꼬.' 등을 어루만져 주시며 짜증 대신 걱정을 앞세우시는 모정.

나는 그 생각을 하며 41세에 어머님을 여읜 당신이 가여워 마음이 아팠습니다.

나는 친정에 가면 부모님이 다 생존해 계셔서 추운 날에 가면 아랫목 차렵이불을 덮어 주시면서 어서 좀 쉬라고 베개를 꺼내 주시는 사랑을 생각하며 더욱 당신이 측은했다고 말하면서 당신의 등을 어머님 대신으로 쓰다듬어 주었죠. 당신은 별안간 눈물을 보이며

"이 사람이 아침부터 눈물 나게 하네."

하며 고개를 돌리던 당신. 나는 그 당시 당신의 어머님이 되어주고 싶었습니다. 꼬박 당신 옆에서 밤을 새우며 낮에 텃밭에서 빨간 고추를 따며 행복하게 당신 기다리던 시간을 시(詩)로 썼지요. 그 시를 출근하는 당신 외투 주머니에 넣어주며 통근버스에서 보시라고 하며 배웅했죠. 그리고 온종일을 당신의 피로를 걱정하며 지냈어요.

저녁 일찍 퇴근한 당신은 자주색 국화와 흰색의 국화 송이가 가득한 꽃다발을 내 품에 안겨주며 "아침에 준 시 잘 읽었어. 다음엔 만취 안 하도록 조심할게. 고마워."

환!

때로는 나에게서 어머님을 느낀다면서 조용히 웃던 당신. 난 아직도 당신을 더 많이 사랑해 주고 싶은데….

오늘은 '**부베의 연인**'을 보내 드립니다.

천상으로 보내는 음악 편지 68

"눈이 부시게 푸르른 날은 그리운 사람을 그리워하자."

서정주 시인의 시(詩) 한 구절.

그래요, 오늘은 참으로 시(詩) 그대로 눈부시게 푸른 하늘.

은행나무 황금빛으로 물들어가고 느티나무, 벚나무, 계수나무, 중국단풍나무 등 모두 모두 붉고 노란 단풍으로 물든 아름다운 계절입니다.

이런 계절에 그리운 사람을 생각만으로 가 아닌 실체가 있는 모습을 그리다가 만나고 싶은 마음 그지없습니다.

만나지 못할 그리움을 갖는다는 것은 어쩌면 모진 형벌인 것 같습니다.

이렇게 고운 낙엽을 같이 보며 걷는다면 우리에게 아쉬운 게 무엇이 있을까요.

작년에도 당신과 같이 걸었는데….

당신의 존재가 날마다 더 부각되는 요즈음 그 옛날 결혼 전 삼척에서 나를 보러 올 무렵이면 그리움이 다 익어서 만나는 날.

그 설레임을 다시 갖고 싶습니다.

환!

세월이 빨리 가서 나 이생과의 인연 어서 다해 당신 만나러 가고 싶습니다.

오늘은 '졸업'을 보내 드립니다.

천상으로 보내는 음악 편지 69

오늘 70주년이 넘는 경찰의 날입니다. 51년 전 1966년의 당신을 기억해 봅니다.

삼척 경찰서에 근무하면서 21번째 맞는 경찰의 날을 기념하는 시(詩)를 써서 신문에 채택되어 게재된 일 그때를 기억하며 적어봅니다.

경찰의 날 기념

— 祖國은 成年이 된 너에게 '경찰 창립 21주년에 즈음하여.'

金喆煥(삼척 경찰서)

네가 탄생하던 그날
나의 가슴은 환희로 울었고
나의 피는 하늘로 용솟음쳤다

그날에
펄럭이는 깃발 아래에서
나는 간곡히 말하였다

어린 너에게
저들이 내 가슴을 무참히 짓밟고
저들이 내 피를 욕보이기 36년
이제 하늘이 열리어
나의 깃발이 펄럭인다

나의 가슴에서 탄생된 너
내 가슴을 지켜주고
내 피를 지켜주어
나의 광장에 무궁화꽃 피게 하라

이제
너에게 주어지는 이름
민주 경찰

나는 보았다 너의 출발을
나는 지켰다 너의 성장을
그리고 기억한다

너의 어린 시절을
너
얼마나 할퀴이고
얼마나 찢겨지고
얼마나 피를 흘렸던가

너 또한
얼마나 할퀴고
얼마나 찢고
얼마나 눈물을 앗아 갔던가

이 모든 것
네 이복형들이 남기고 간
희미한 발자취 때문이라고 여겨왔고
또한
어린 너의 철없는 소견 때문이라고
내 마음을 달래었다

어언 21년이 된 오늘
나의 깃발을 이념으로 여기고
나의 품 안에서 자라온 너를
나의 광장에 세워두고
나는 간곡히 말한다

어른이 된 너에게
지나간 날들은 되씹지 말고
오늘을 더욱 내 피와 융합하여
너와 나
저 광장으로 나가자

그리하여 그곳에
풍성한 잔치를 마련하고
하늘로 하늘로 올라가는
나의 깃발을 바라보자

어른이 된 너
너를 반기는 함성이 하늘에 닿도록
약속을 심어두고 웃음을 갖자

조국에 태어난 경찰을 보듬어 안고 성장을 바라보며 격려와 위로 그리고 조국을 위한 부탁. 대망의 광장으로의 갈 길을 일러주는 멋진 시(詩)를 쓴 당신. 정말 훌륭합니다.

오늘 경찰의 날을 기념하는 KBS의 열린음악회를 시청하면서 객석에 모인 남녀 경찰들의 모습을 보니 너무 믿음직스럽고 멋있어 보였습니다. 그 옛날의 모범적인 민주 경찰이었을 당신 모습을 상상해 보면서 지금 더 당신을 그리워합니다.

환!

시인으로 정식 등단만 안 했을 뿐 당신은 이미 훌륭한 시인입니다. 시인 됨을 축하하면서 오늘 베토벤 피아노 협주곡 5번 2악장 '**황제**'를 보내 드립니다.

천상으로 보내는 음악 편지 70

가을이 점점 더 짙어져 일교차가 심한 요즈음 이른 아침은 사뭇 춥기까지 합니다.

점점 추워질 일이 다가오니 그 옛날 신혼 초가 생각나는군요.

청상으로 혼자되신 어머니와 단 하나의 아들.

홀시어머니와 외며느리와의 미묘한 대립.

누구나 혼처 감으로서는 머리 흔드는 조건. 교제 8년 11개월 만의 우리들의 결혼. 난 이 조건의 틀을 깨었습니다.

60년대 그때는 거의가 연탄으로 밥을 지을 때지요.

새벽에 일어나 쌀을 씻어놓고, 양은솥에 밥물을 연탄 위에 얹어놓고, 나는 무조건 어머님 방문을 열고

"어머니 저 왔어요."

하고 들어가면

"얘, 네 신랑이 싫어하면 어쩌려고…."

"신랑이 가랬어요."

나는 거짓말로 둘러대고 풍채 좋으신 어머님 품 안으로 안겨버리죠.

이런 나를 머리도 쓰다듬어주시고 등을 토닥토닥

만져 주시던 어머님. 내 손을 만지시며

"이렇게 작은 애기 손으로 밥도 하고 살림을 한다니…."

신기하고 신통하다시며….

우린 이렇게 놀다가 밥을 안치고 아침 식사 준비를 하던 시절, 어느 때는 어머님 품에서 그냥 잠이 들면 나를 살짝 비켜나가시어 아침 준비를 다 해놓으시던 엄마 같으신 어머님. 그렇게 우리 세 식구는 신혼을 즐겼지요.

첫 애기가 생길 때까지 계속.

당신은 늘 그런 나를 바라보며 다정하게 웃고….

환!

지나간 그리운 날들이군요. 다시 또 한 번 갖고 싶은 날들.

오늘은 패티 패이지의 '**체인징 파트너**'를 보내드립니다.

천상으로 보내는 음악 편지 71

마중을 한다는 존재가 있다는 것은 참 행복한 일입니다.

화사한 꽃이 만발한 벚나무의 그늘을 걸으며 시(詩) 한 편을 준비해 그를 마중하는 생각을 해봅니다.

이 시를 조용한 목소리로 사랑으로 읊어주면 우리들의 마음은 얼마나 푸르를까.

비가 오는 날이면 우산을 준비해 그를 마중하는 생각을 해봅니다.

이 우산으로 비를 피해 주면 얼마나 좋아할까.

가로수의 은행나무들이 바람에 우수수 황금 잎으로 날릴 때 따뜻한 머플러를 준비해 그를 마중하는 생각을 해봅니다.

이 머플러를 목에 둘러주고 따끈한 국화차를 마주 앉아 마시면 얼마나 사랑에 취할까.

첫눈이 오는 날 두툼한 외투 주머니에 군밤 봉지를 넣고 그를 마중하는 생각을 해봅니다.

하얀 눈을 어깨에 같이 담으며 군밤을 하나씩 꺼내 먹는다면 얼마나 행복할까.

마중할 수 있다는 현실은 늘 행복한 것입니다.

어느 날 그 마중이 배웅으로 변해 버린다면 그 황당함을 어디에 비기겠습니까.

만남에서 이별로 급반전하는 상황.

우리들은 그 인생의 상황을 몰라서가 아니고 그 사실을 인정하지 않으려고, 아니 생각 안 하려고 사는 것뿐 언젠가 오고야 마는 그 이별이 두려운 것입니다.

이 두려움을 다스리기 위해 종교가 필요하고, 이런 고민을 연구하는 철학자도 나오고, 영원하지 못할 사랑을 아름답게도 또는 슬프게도 노래하는 시인도 탄생하게 되는 거지요.

산부인과 병원에서 출생하는 아기의 첫울음의 만남과 장례식장에서 흐느낌의 배웅은 우리들이 겪어야 하는 인생의 과정 아니겠습니까.

부귀가 무슨 소용이 있으며 명예가 다 무슨 소용이겠습니까.

모든 것 다 두고 가야 하는 길에.

환!

당신을 만나고 또 배웅하면서 나는 요즈음 슬픔을 노래하는 시인으로 되어 가는지, 인생의 진리를 연구하는 철학자가 되어 가는지, 모르겠습니다.

오늘은 **'슈베르트의 세레나데'**를 보내 드립니다.

천상으로 보내는 음악 편지 72

기온이 1도까지 내려가 급작스레 추워지는 아침. 찬바람이 탁함을 거두어 가서인지 공기가 냉랭하고 맑은 하늘은 구름 한 점 없는 새파란 빛.

정말 어느 누가 말한 것처럼 한국의 전형적인 이 가을 하늘을 수출만 할 수 있다면, 아마 수입이 굉장할 거라고 한 말이 생각날 정도로 너무 맑아 차라리 서러움이 더 합니다. 나뭇잎들은 더없이 곱게 물들어 파란 하늘을 배경으로 명화를 연출하고 있으니 어찌 당신 생각이 안 나겠습니까.

공원에서 시니어들의 크게 웃는 소리가 오늘따라 내 귀에는 거슬리기조차 합니다. 내 슬픔을 비웃기라도 하는 양 저리 떠드는 모습을 보니 나의 외로움이 이제 참지 못할 심화가 되는 것 같습니다.

이쯤 되고 보면 이제 나의 마음의 병은 심각한 수준에 와 있음을 압니다. 세월이 고쳐줄지 모르지만, 아마 영원히 고칠 수 없을 것 같습니다. 내가 이 세상에서 사라질 때까지.

환!

너무 아름답게 가을이 물들고 있습니다.

이 가을에 이용이 부르는 **'잊혀진 계절'**을 보내 드리겠습니다.

천상으로 보내는 음악 편지 73

아! 벌써 10월 31일. 오늘로써 10월도 마지막입니다.

그래도 2017년 이 해는 조금이나마 당신과도 같이 있었던 해. 앞으로 두 달이면 다음 해부터는 정말 당신과는 아무런 상관도 없는 해가 되겠군요. 정말 다가오는 날들이 두렵기만 합니다.

안타까운 마음에 우리들의 편지 보관함에서 당신 편지 한 통을 꺼냈는데 공교롭게도 52년 전 오늘 날짜인 1965년 10월 31일 편지였어요. 읽어볼게요.

숙! 꿈에 당신을 보았소. 잠을 깨고 난 다음에도 쭉– 당신을 생각했다오.

다이얼(중앙 라디오)을 돌리니 '소녀의 기도' 피아노 소리가 들려오더군요.

시간은 한밤 12시 15분.

이때쯤이면 언제나 잠이 깨어 사색의 구름을 밤하늘에 펼치곤 한답니다.

숙! 이 밤에 달려가고 싶으오.

구름이 되어 나의 숙이 잠든 저쪽의 하늘에라도 가고 싶으오.

평안히 잠든 숙의 얼굴을 지켜보고 싶으오.

이렇게 멀리서 그리워만 하니….

… 중략 …

10月의 마지막 날이야. 벌써 이 해도 다 가고 우린 또 한 살씩 더 하고. 편지 자주 해줘.

그럼 3일 날 또 보낼 터이니 그때까지 안녕.

사랑하는 사람이여. 포근히 쉬시오. 우리 서로 꿈속에서 만나리.

멀리 떨어져 있는 당신에게 평화로운 안식을 보내노라.

1965년 10월 31일 새벽 3시 5분

52년 전의 이 편지를 읽으며 새삼 당신의 가슴을 느꼈습니다.

이 그리움. 결혼 전 절절한 보고픔을 사연에 실려 보내는 당신의 애정을 지금 안타까워하며 또한 과거를 행복하게 회상해 봅니다.

지금 내가 누릴 수 있는 유일한 방법이 그 옛날 당신 편지 읽는 것, 그 속에서 행복을 찾곤 하는 것입니다.

환!

아무려면 어떻습니까. 어쨌든 행복만 찾으면 그만이지.

오늘은 우리 함께 청량하고 멋있는 나나 무스꾸리의 '하얀 손수건'을 들어볼까요.

가을의 숲

— 청양 칠갑산 숲길에서

여름내 모아둔
푸른 에너지
가지마다 다 나누어 주고
작은 소망마저 비워낸
노란 가을 잎들
바람에 후르르후르르 미련 없이 날려
지상에 내려앉는 무소유 군락

숲은
푸른 꿈들이
붉고 노랗게 익어가며
꽃보다 더 아름다운 물이 들고 있네

오늘은 내가
내일은 네가
다음은 또 누군가가
익는 순서대로
연이은 비움의 행렬.

아!
소유함 없이

홀가분하게 떠나라고
가을만이 전해주는
무소유의 진리

10월도 다 가버린 계절은 그야말로 마지막 가을의 절정입니다. 동생들과 청양 칠갑산 휴양림에서 2박 3일을 꿈같이 보냈습니다.

산이 아니라 수채화 속에서 그림의 주인공들이 되어 꿈속의 생활을 한 것 같습니다.

낙엽 숲을 거닐며 무수히 당신 이름 부르며 생각했습니다.

어느 날 홀연히 한 잎의 낙엽처럼 허무하게 떠나간 당신 나 또한 그렇게 갈 일이지만.

그렇게 오늘은 너 내일은 나….

다 떠나가야 하는 거지만 아직 이생에 혼자 남아있는 슬픔에 낙엽 숲이 너무 아름다운 아픔으로 다가옵니다.

이 가을 숲에 당신과 같이 있다면….

환!

이 가을 숲에서 내가 당신 이름을 얼마나 불렀는지 감지하십니까.

보고 싶은 마음으로 오늘은 최백호의 **'내 마음 갈 곳을 잃어'**를 보내 드립니다.

천상으로 보내는 음악 편지 75

오늘 드디어 우리들의 금혼 기념 서간문집이 문학세계 출판부/도서 출판 천우에서 출판되어 200권이 집으로 배송되었습니다.

무난하게 잘 나왔습니다.

편지로만 읽다가 활자화된 글로 보니 또 다른 새로운 감이 있습니다.

당신의 글은 편지만이 아닌 하나의 시대 역사를 기록한 문학이라고 생각합니다.

훌륭한 문체 거듭 자랑스럽습니다.

당신도 하늘에서 기뻐하시리라 믿습니다.

평소 가까운 친구분들께 몇 분 드릴까 생각합니다.

불우한 환경의 한 외로운 청년의 사랑과 어려운 환경을 벗어나기 위한 사투의 힘을 유감없이 보여준 당신의 그 노력의 결과를 만인에게 자랑하고 싶습니다.

오늘 우리 와인 잔을 부딪치며 브라보를 외칩시다.

환!

당신과 나를 위해 브라보!

오늘 밝은 마음으로 리스트의 '사랑의 꿈'을 보내 드립니다.

천상으로 보내는 음악 편지 76

날씨가 흐리고 아주 을씨년스럽고 또한 비도 뿌려 거리에 은행잎은 마구 떨어져 노란 융단 되어 깔려 있습니다.

우선 우리들이 금혼 서간문집을 부처님께 먼저 올리고자 수국사에 갔습니다. 대웅전 부처님께, 다음 화엄 성중님께 차례로 올리고, 다음 당신 영가위패에 올리며 겉표지를 들어 보여 드렸는데 잘 보셨는지요.

민정이 아빠!

오늘 나는 법당에서 다시 한번 더 부처님께 소망을 드렸습니다. 우리들 다음 생에도, 아니 그다음…. 다음…. 세세생생 다시 부부 인연 맺어 주십사 하구요. 아마 꼭 들어 주실 거라고 확신합니다.

당신 빨리 만나고 싶군요.

왠지 요즈음은 젊었던 당신의 모습이 눈앞에 삼삼합니다. 편지를 너무 읽어서일까요.

당신의 그 젊은 날의 편지를.

환!

오늘은 차이콥스키의 '이태리 기상곡'을 보내 드립니다.

천상으로 보내는 음악 편지 77

용인 평온의 숲에 계신 당신 만나러 가기 위해 아침부터 서둘렀습니다. 그제 절에 가서 부처님과 당신 위패에 책을 올려 드렸지만, 이젠 당신 몸이 계신 곳에 가서 정말 인사를 드리고자 책을 챙겼습니다.

당신과 내가 늘 얘기했듯 너무 기력 없어 저승 갈 날이 가까워 온 듯하면 하루 몇 통씩 편지 꺼내어 읽고 연기로 보내자던 그 편지. 당신이 금혼을 같이 지내지 않고 하늘로 가시기에 당신과 같이 금혼을 맞는다는 의미로 우리들의 편지를 서간문집으로 출간한 것이지요.

이 서방과 함께 당신 집에 오니 당신의 주변 정원은 지금 가을이 절정에 있어 이리 아름다울 수가 없군요.

당신의 영혼은 하늘에도 있고 하지만 또한 잠시 내려와 이 아름다운 정원을 거닐거라 생각하니 마음이 조금은 덜 슬픕니다. 책에 내가 당신에게 쓴 글 펼쳐 보여드렸는데 다 읽으셨는지요.

민정이 아빠 사랑해. 조금만 기다려. 보고 싶어. 우리 꼭 만날 때까지…. 이 서방이 사진 촬영해주어서 당신과 사진도 찍고 그 사진을 일본에 있는 아들에게도 카톡으로 보내주었습니다. 우리들의 서간문집에 나왔다니까 무척 좋아하는 아들!

환!

오늘은 드보르작 '유모레스크'를 보내 드립니다.

천상으로 보내는 음악 편지 78

아침에 구 선생님께 전화 걸어 10시 30분경 만나 뵈었습니다.

그분은 허리가 많이 아프셔서 부인과 함께 병원에서 바로 오신 듯 했습니다.

당신이 가장 자별하게 친하셨던 그분을 대하니 눈물이 저절로…. 그 부인도 함께.

제일 먼저 그분 성함으로 책을 준비했고, 당신이 가까우셨던 두 분의 친구분 성함도 써서 구 선생님께 전해 드렸습니다.

왠지 이 순간 당신의 그늘을 느꼈습니다. 그냥 든든하게.

오늘 민정이랑 세이브존에서 몇 가지 필요한 물건을 사고 점심도 식당에서 먹었습니다. 딸과 같이 사니 외롭지 않고 너무 좋군요. 음식을 대할 때마다 당신 생각하는 버릇, 그래도 슬픈 행복을 느낍니다.

우리들의 첫 열매인 민정이와 같이 생활하는 이 시간이 슬픔 속에서도 유일한 행복입니다.

환!

민정이랑 잘 살게요. 당신 걱정 마세요.

오늘은 슈만의 '로망스'를 보내 드립니다.

천상으로 보내는 음악 편지 79

날씨가 아주 추워지고 바람까지 많이 불어 아름다운 낙엽들이 영화의 한 장면처럼 도로 위를 휘날리는 모습이 장관입니다.

오늘은 기윤이 초등학교 1학년부터 졸업할 때까지 반 친구의 자모 두 분이랑 서오릉 한식집에서 만났습니다.

퍽 오랜만의 만남이군요. 한 분은 남편이 41세로 타계하셔서 젊은 나이에 남매를 훌륭하게 키운 장한 어머니이고 한 분은 성격이 아주 쾌활한 분으로써 어려움에도 씩씩하게 살며, 작년에 69세로 남편이 타계하신 처지. 아마 당신도 아시는 분. 기윤 친구 결혼식 때 만나서 같이 식사하며 대화를 한 분이죠.

100세 시대에 69세 타계면 억울한 나이도 될 수 있는군요. 여기에 생각을 하니 81세에 타계하신 것은 당신 수명 것 사신 것이라고도 생각됩니다. 나는 안타깝지만. 그분들에게 이번 금혼기념 서간문집을 드리니 우리 부부를 아름다운 인연과 사연의 부부라고 치하했어요.

그냥 어느 정도 수긍이 가는군요. 우리는 누구보다도 행복했으니까요. 많은 시간을 옛 이야기하며 시간을 보냈습니다. 작년 결혼 49주년 11월 26일을 이곳 '연'에서 당신과 함께 식사한 것을 생각하며 마음으로 슬픔을 금치 못했습니다. 인생무상이군요.

환!

오늘은 차이콥스키의 '안단테 칸타빌레'를 보내 드립니다.

천상으로 보내는 음악 편지 80

오늘 우리들의 금혼 날입니다. 50년 전 종로에 있는 서울 예식장에서 아버지 손잡고 웨딩마치에 발맞추며 당신에게 가던 날. 유난히 따뜻하고 구름 한 점 없는 화창한 날이었죠. 그 이후 50년 동안 행복으로 이어온 나날들.

이제 금혼을 9개월 앞두고 떠나신 당신이기에 나 혼자 맞는 금혼.

당신 몸이 담겨있는 용인 평온의 숲에 민정이가 마련해준 꽃다발을 들고 당신의 문 앞에 울며 서 있는….

이 서방이 금혼 서간문집과 꽃다발을 든 나를 당신 유골함과 같이 모습 보이게 사진을 찍었습니다. 당신과의 금혼식!

이렇게 조촐하게 지냈습니다. 흐르는 눈물을 막을 수 없군요.

일산에 있는 중식집에서 두 딸네 식구 모두와 출판 기념과 금혼 맞이한 당신과 나의 축하를 위해 점심을 같이했습니다. 기윤이는 일본에 있기에 어쩔 수 없는 상황. 서운하지만 어쩌겠습니까.

우리 결혼 당시 50년 후의 이 상황을 미리 알고 있었다면, 행복 속에서도 미리 안 이 이별에 얼마나 슬펐을까요. 앞일은 모르며 사는 이치를 알 듯합니다.

저녁은 민정이네 결혼 기념에 선물 받은 와인으로 뜻있는 축배를 들었습니다.

나의 왼손에는 당신 잔, 오른손엔 내 잔.

민정이네 부부와 잔을 부딪치며 브라보를 외쳤습니다.

당신이 옆에 계시는 듯 따사로웠습니다.

환!

마음으로 눈물이 흐릅니다. 너무 보고 싶어요.

오늘은 멘델스존의 오페라 한여름 밤의 꿈에 나오는 **'결혼행진곡'**을 우리 같이 들읍시다.

천상으로 보내는 음악 편지 81

민정이와 같이 엄마 계신 요양원에 다녀왔습니다.

100세 시대라 오래 살 수 있다는 것이 행복이라 하겠지만, 아들과 사위를 먼저 보내고 모진 목숨처럼 외롭게 지낸다는 것, 축복은 아닌 듯싶습니다.

당신을 여읜 내 가슴은 지금 인생의 허무 속에 너무 슬프고 내일 모레면 80살을 맞는 노인의 나이에 어머니를 생각하면 어쩔 수 없는 불효와 서글픔에 그저 엄마 옆에서 눈물만 흘렸습니다.

이 죄스러움을 어떻게 속죄해야 할지 모릅니다.

100세가 얼마 남지 않은 어머니.

아! 세상이란 정말 고해가 아닐는지요.

환!

오늘은 정말 아픈 마음이군요. 모두가.

'에덴의 동쪽'을 보내 드립니다.

천상으로 보내는 음악 편지 82

정오. 두붓집에서 전 문인화 회원 정 여사를 만나 점심하다. 천도재를 위한 불서를 받고 나 또한 금혼 서간문집을 주다. 마음을 통한다는 것이 참 흐뭇하고 중요하다. 오랜만에 만나 반가운 얘기로 시간 보내다. 오후. 강원도 C 경찰서장님에게서 등기 편지 오다.

옛날 당신이 근무했던 그 경찰서에 50여 년 전에 신문에 기고한 경찰 창립 21주년의 시(詩)를 복사하고 편지랑 함께 우리들의 금혼 서간문집도 보내드렸지요. 당신을 위해 뜻이 있는 것 같아서요. 그 답서 보내주신 겁니다.

서장님도 필력이 대단하신 분이더군요. 우리들의 글도 너무나 칭찬해 주시고 특히 문인으로 제2의 인생을 사셨어도 무방했겠다는 당신에 대한 칭찬 제 마음 너무 기쁩니다. 내가 책을 발간한 이유도 당신의 문학성이 아까워서지요. 혹 어느 사람들은 자기들의 연애편지 뭐 그리 대단하다고 책까지…. 할지도 모르지만, 이 서장님의 말씀대로 친구에서 연인으로 연인에서 부부로 이어지며 서로 보듬고 격려와 사랑으로 이끈 아름다움이 부럽다고 하셨군요. 많은 사람들이 당신 문학을 인정해 주어 고맙고 그 수가 늘어남에 제 마음 너무 행복합니다.

환!

오늘은 '부베의 연인'을 보내 드립니다.

천상으로 보내는 음악 편지 83

그냥 아플 수밖에

곁에
있어야 할 사람이 없는 자리
그 빈자리에
마른 잎이 쌓여가네

외로움보다
더 무서운 허전함에
몸의 중심이 휘청

혼자 견뎌낼 수 없는 슬픔을
혼자 견뎌야 하는
겨울의 눈보라 시간

가슴에 파고드는 모진 눈보라에
가슴 한편이 에이어 나가
감당 못 할 아픔

아!
세월을 딛고 선 채
그냥 아플 수밖에

환!

'사랑은 허무하기 때문에 더욱 아름답고 아름답기 때문에 더 아프고 아프기 때문에 더욱 소중한 것이라고….' 1970년대 어느 책에 있는 글이 생각나는군요.

아프기 때문에 더욱 소중한 사랑! 오늘은 마스네의 '**타이스 명상곡**'을 보내 드립니다.

천상으로 보내는 음악 편지 84

그리움이란
곁에 있지 못하는 존재 때문에
보고 싶어 생기는
마음의 병이지요

행복한 그리움도 있고
슬픈 그리움도 있습니다

그리움이 차오르면
빨리 연락하여 만날 수 있는 그리움은
행복한 그리움일 테고
연락할 수도 만날 수도 없는 그리움은
슬픈 그리움일 테지요

누가 그리워하라고 가르쳐준 일도 없고
누가 강요하는 그리움도 아닌 그리움

지금 내가 앓고 있는 병은
슬픈 그리움입니다

아무리 하늘을 향해
외치며 연락해도
메아리만 돌아오는 슬픈 두절

어느 누구도 나의 병은
고쳐줄 사람이 없습니다

오직
이생 인연을 다해
하늘로 가
그를 만날 수 있는 날
그때
내 그리움 앓이는
행복으로 치유될 것입니다

환!
당신 찾아 하늘로 가는 날 나의 밝은 웃음은 소생할 것입니다.
오늘은 바다새의 노래 '사랑하고 있어요'를 보내 드립니다.

천상으로 보내는 음악 편지 85

불교에서 말하는 윤회, 전생을 생각해 봅니다.

중생이 번뇌나 업 따위로 말미암아 삼계 육도를 돌고 돌면서 생사를 끊임없이 반복함을 이른다는 말이라고.

영혼의 해탈을 얻을 때까지 육체와 같이 멸하지 않고 전전하며 무시무종으로 돎을 하고 있다는 윤회.

어느 스님의 말씀처럼 가슴에 욕망이 사라지고 무욕이 자리하는 때에 윤회의 굴레를 벗어난다는 말.

그럼 당신과 나는 무슨 존재였기에 부부 인연 되었으며, 또 다음 생은 어떤 인연으로, 아니면

이미 모든 업장이 소멸되어 무욕이 자리해 윤회의 굴레를 벗어나 다시는 인간으로서의 인연은 없어진 것이 아닌지.

그렇다면 나는 윤회를 벗어날 생각 없습니다.

바른 생각, 정직하고 진실된 생각으로 착한 인연 맺어 영원히 부부로 윤회하고 싶습니다.

환!

오늘은 해바라기의 '젊은 연인들'을 보내 드립니다.

천상으로 보내는 음악 편지 86

얼마 전 한 지인으로부터 물에 대한 얘기를 들었습니다.

'물은 화학적으로는 수소 2와 산소 1의 화합물(H_2O)로서 색이나 냄새가 없는 액체, 즉 강이나 호수나 바다를 두루 말하는 것.'

그러나 그 본체의 물은 열을 받으면 수증기로 올라가는 변모도 하고 대기로 올라간 수증기는 구름이 되어 따뜻한 공기를 만나면 다시 물이 되어 비가 되어 내리고, 찬 공기를 만나면 아름다운 육각의 눈이 되어 내리고, 대지의 온도가 따뜻하면 물이 되고, 영하권의 추위가 되면 얼음이 되는 물의 변화.

온화한 방의 공기와 밖의 찬 기온으로 김이 서린 창문에 아름다운 무늬의 성에.

그 물의 변화의 예술성.

또한 높은 산 나무나 풀에 내린 서리의 아름다움의 상고대.

어찌 보면 인간이 겪는 윤회와 비슷하지 않은가.

영체는 영원해도 삶의 업에 따라 육체를 바꾼다는 윤회.

물도 그 본체는 그냥 있어도 그 모습이 수증기나 눈이나 비, 성에, 서리, 얼음 등으로의 형태로 변하는 것이 윤회와 닮은 것 같기도 합니다. 그러고 보면 세상 모든 만물들 인연과 윤회의 진리가 신기하고 대단하다고 봅니다.

당신과 내가 만일 물이 된다면 같이 증발해서 차가운 대기권에 윤회를 거쳐 아주 소담스러운 눈이 되어 깊고 조용한 어느 산골에 탐스러운 소나무에 살포시 앉아 겨울을 즐기면 어떨까요. 생각만 해도 아름다운 행복이군요.

환!
오늘은 **'러브 스토리'**를 보내 드립니다.

천상으로 보내는 음악 편지 87

올해도 다 가는군요. 2월 26일 당신이 하늘로 가시면서 그 이후의 날들은 모두 당신 안 계신 첫 홀로된 나날들의 경험이 계속되고 있습니다. 이 아픈 경험을 나 이생을 끝나는 날까지 해야 되는 생각을 하니 하늘이 답답합니다.

내일모레면 크리스마스. 그 옛날 기억으로 슬픔을 달래볼까 합니다.
우리 애들 삼 남매가 초등학교 다닐 때죠. 크리스마스이브인 24일 밤 우리는 애들 자기를 기다려 준비한 각자의 선물을 머리맡에 살짝 놓고 나오며 내일 아침이면 이 녀석들이 얼마나 좋다고 야단일까 하며 우린 흐뭇했었죠.
그리고 나도 잠이 들었죠.

이튿날 아침 눈을 뜨니 당신은 옆에서 나를 바라보며
"당신 머리맡에 뭐가 있네."
하기에 보니 작은 보석상자가 얌전하게.
"어머머…."
나는 놀라 얼른 상자를 열어보니 푸른빛이 도는 사파이어의 아름다운 목걸이. 내 생일 석.
나는 감동으로 어린애처럼 당신을 얼싸안고 당신 볼에 뽀뽀를 했지요. 애들 방에서도 난리나 났었지요. 산타 할아버지가 자기들이 갖고 싶어 하는 것을 어떻게 알고 용케 선물을 했다고. 엄마도 선물 받았다고 하며 나도 같이 좋아하며 어리광을 했었죠. 아마 당신은 나를 바라보며 만년 소녀라고 했을 것입니다.

그 행복 지금 어디로 갔나요?

환!
추억한다는 것이 기쁘기도 하지만 지금 나는 너무 슬프군요.
오늘은 배따라기의 **'그대 봄비를 무척 좋아하나요'**를 보내 드립니다.

천상으로 보내는 음악 편지 88

차담

마음이 통하는 사람과 차담 하려 만나는 시간

따끈한 찻물로 목을 축이기도 전에 은은한 차향이 코끝에 스며들면 어느새 마음의 빗장 슬며시 열려 누에고치에서 뽑아내는 명주실올처럼 마음의 진실 언어가 차분하게 나오려 하네.

이 해도 내일을 앞두고 다 가려나 봅니다. 그래도 이 해는 짧은 시간이지만 당신과 같이 함께하던 해.

이제 내일모레 2018년엔 정말 당신과 조금의 시간도 섞지 못한 해. 안타까운 마음입니다. 모든 면에서 당신과 마음이 통했건만 이젠 누구와 이 마음을 소통하고 지내야 합니까? 자식은 자식 대로의 입장이 있는 거고, 부부의 일은 부부만이 할 수 있는 것인데…. 슬픔과 아까운 한 해가 다 갑니다. 정말 이상할 정도로 왜 이리 당신에게 집착을 하는지 모르겠습니다.

환!

오늘은 임수정의 '**연인들의 이야기**'를 보내드리며 젊은 날의 우리들을 추억해 봅니다.

천상으로 보내는 음악 편지 89

설날 아침

서설이 내린 설날 아침입니다. 정성 들여 만든 음식과 떡국을 차례상에 올려놓고 그이와 함께 한복으로 곱게 갈아입고 조상님께 세배를 드렸습니다.

3남매 중 큰딸과 아들 가족은 직장 관계로 외국에 가 있고, 둘째딸은 시댁으로 가야 했기에 우리 부부 둘이서만 차례를 지냈습니다.

조상님께 가족들의 소식과 그간 지냈던 일들을 말씀드리며 살아계시는 듯 마음을 함께 나누었습니다.

천상에서 편히 계시라고 좋은 경문도 읽어 드렸습니다.

그리고 올해에도 우리 부부 서로 건강 지키며 화합하게 지내자고 마주 보며 맞절을 했습니다.

삶이란 누군가를 기다리며 또 누군가를 보내며 살아가는 것이 아닐까 생각해 봅니다.

아직 살아계신 친정어머님껜 나는 기다림이 되는 딸이기에 바삐 치우고 세배드리러 가야겠습니다. 다녀와서 내게 기다림인 작은 딸 가족이 저녁때쯤 온다니까 그들 맞을 준비를 해야겠습니다.

환! 근 십 년이나 지난 일이 되는군요. 그때가, 그때 마주 보며 서로에게 세배를 드리며 행복하게 웃었던 시절이 너무 그립군요.

기다리는 마음이 행복하다는 것을 너무 절실하게 느낍니다. 기다리면 올 수 있다는 그 현실은 이유 불문하고 행복한 사실입니다. 기다려도 올 수 없는 당신을 생각하면….

환!

오늘은 다시 한번 장일남 작곡의 '**기다리는 마음**'을 보내 드립니다. 

천상으로 보내는 음악 편지 90

우리가 계획했던 삼보사찰 방문하기 중에서 해인사, 송광사는 방문했지만, 2017년에 꼭 방문하자는 계획은 당신이 홀연히 하늘나라로 가시게 되어 무산되었습니다.

그래서 현주네 식구와 함께 2박 3일 예정으로 통도사를 향해 1월 5일 아침 6시경 출발.

나는 당신 사진을 가슴에 안고.

5일엔 우선 경주에 들러서 불국사를 참배했습니다.

날씨는 가을 하늘처럼 구름 한 점 없는 푸르고 영상 9도의 온화한 기온. 정말 건강한 당신과 이렇게 걷는다면 얼마나 좋을까. 그래도 당신 영혼이 있다면 지금 내 가슴에서 만끽할 거라고 생각합니다.

그리고 다음 날엔 해변 바닷가에 자리한 용궁사도 들러 대웅전에도 참배. 이모저모 다른 법당들도 경건하게 보았습니다. 오늘 날씨도 어제처럼 맑고 청명하고 따사로웠습니다. 당신 생각하며 오붓한 시간을 보냈습니다.

세상엔 소원을 발원하는 사람도 많고 관광을 즐기는 사람도 많군요. 이곳에 이어서 부산의 해운대 태종대를 들러 넓은 바다도 보았습니다. 바닷가를 보니 당신 삼척에서 늘 나를 그리워하던 생각을 해봅니다. 가슴이 미어지는군요. 내 가슴에 모신 당신 사진을 바다로 향해 보여드리며 마음속으로 한없이 당신을 불렀습니다.

해양 문화 도시 보고 옛날 일들을 생각했습니다.

자갈치시장도 들러서 구경하고 멸치와 미역도 사고 국제시장 영화에 나오는 꽃분이네 가게 앞에서 촬영도 했습니다.

저녁 늦게 양산의 '통도환타지아콘도' 숙소에 왔습니다.

모두가 깔끔해서 좋고 창밖은 놀이공원인지 불빛이 휘황찬란한 풍경이 보기 좋군요.

푹 쉬고 아침 일찍 서둘러 통도사에 왔습니다. 12일까지 통도사 화엄산림 대법회 행사라고 하던데 몇백 대의 차들이 주차한 것을 보니 정말 대가람 다웠습니다. 대웅전 법당에 공양미와 초를 올리고 기도했습니다. 김철환 영가가 소원하여 방문하고 싶던 사찰을 영가가 되어 같이 왔노라고. 그리고 왕생극락을 기원하고 우리들의 삼 남매 늘 가정 평안하게 해달라는 기원을 드렸습니다.

두루두루 살피며 고찰다운 모습도 촬영도 하고, 성보박물관에 들려 아주 오래된 (몇백 년) 보살상에 기도도 드렸습니다.

원 서방의 수고로 이곳 멀리까지 무사히 와서 우리들의 소원 법보사찰 통도사에 오니 감회가 남다르며 또한 당신 생각으로 슬프기도 했습니다.

저 많은 모든 사람들이 다 유한의 생명을 갖고 천 년을 살 듯 웃으며 다니는 것을 생각하니 정말 이 세상살이 허무가 따로 없습니다.

이 순간도 지나가며 우리에게 다가오는 이생과의 마무리! 그냥 사람들이 자세히 보아지는군요. 당신 느끼셨는지요.

통도사 경내를 두루두루 당신과 함께했는데.

2박 3일의 즐거운 여행이었습니다.

환!

현주네 식구에게 자식으로서의 그들의 한없는 효를 느끼며 우리 감사한 마음으로 **'아기 코끼리의 걸음마'**를 우리 애들과 같이 들을까요?

천상으로 보내는 음악 편지 91

추운 겨울을 그냥 지나치지 못하고 요즘 감기로 몸살을 앓고 있습니다. 맑은 콧물이 쉴 새 없이 흐르는 증상을 시초로 본격적인 감기로 온몸이 아프고 눈이 화끈거려 눈물과 함께 오한이 들고 정신이 없습니다.

큰 애가 각별한 신경을 써주어 잘 추스르고 있지만, 그래도 그 옛날 예전처럼 당신의 간호가 그립군요.

나의 천식과 비염 관계로 마음 놓고 기침을 할 수 없어 당신과 각방을 써야 했던 우리는 서로 궁금하면 각자 방문했던 것인데, 내가 자주 아프곤 하니까 당신은 새벽 3~4시경쯤엔 살며시 내 방에 문 열고 들어와 가만히 내 이마를 손대어 열이 있나 없나를 살피고, 잠버릇이 험해 이불을 다 차내 버리고 자는 나의 이불을 살짝 들어 고쳐 덮어주고 가던 당신.

남편이라기보다 어버이 같던 당신의 손길이 감기몸살로 많이 아픈 지금 한없이 슬프게 그립습니다.

가뜩이나 그리움 때문에 마음 다스리지 못하는 지금에 아프기까지 해 더더욱 당신 생각에 머릿속이 하얗게 되어가고 있습니다.

너무 생각하는 당신을 언제쯤이 돼야 어른스런 마음으로 차분히 당신 만날 때까지 기다릴 수 있을까요?

환!

오늘은 가곡 '고향'을 보내 드립니다.

천상으로 보내는 음악 편지 92

용인 평온의 숲 추모공원

맑은 영가들이 쉬고 있는 평온의 숲
산야에 피톤치드가 덮인 듯
청량한 공기에 스치는 쏴 한 바람과 고요

사철 옷을 갈아입을 적마다
분위기가 다른 모습으로
감동하게 만드는 산야

아마 몰라도
모든 영혼들이 안온하고 평화로운 이 쉼터에
이생에서 있었던 모든 애환이나 복잡한 일들은
다 잊고 그냥 편안하게 쉬고 있지 않을까
내 그이 또한

집에서 이곳으로 오는 동안
너무 슬픈 마음 되어 가슴이 미어져 오나
막상 이곳에 도착하면
이 아름답고 편안한 산야에
사랑하는 사람의 영혼이
조용하게 쉴 것 같아
슬펐던 가슴이 차라리 위로를 받는다

머지않은 날
이생의 극락과 같은 이곳에
나 또한 그이와 함께 있고자 올 터
슬프면 아니 되겠지

환!
오늘은 소리새의 '**그대 그리고 나**'를 보내 드립니다.

천상으로 보내는 음악 편지 93

초미세먼지의 위험으로 되도록이면 밖을 나가지 말라고 합니다.

세상이 너무 발전하다 보니 이제는 마음 놓고 공기도 못 마시는 시절이 되었습니다.

문명의 발달이 인간들의 생활에 편한 도움을 줄지는 몰라도 그 옛날 깨끗한 공기 푸른 하늘에 뜬 하얀 구름 하며, 밤하늘을 수놓던 그 많은 푸른 별들의 아름다운 모습이 그립습니다.

결혼 전 어느 겨울 채석장에서 당신과 함께 밤별을
바라보던 일이 옛꿈이 되었습니다.

우리들의 서간문집을 읽은 현주 친구의 글을 소개할게요.

"어머니. 전 현주 친구 '영'이라고 합니다.

이 밤 책을 읽으며 너무나 애틋한 사랑에 가슴이 따뜻해지고 저까지도 행복해집니다. 지금도 어머님께서 많이 힘들어하시고 그리워하실 만큼 평생에 잊지 못할 아름다운 사랑을 나누셨네요.

근데 이 책을 통해 읽는 이도 미소 짓게 되고 가슴이 뛰고 설레이고 생각지도 못했던 행복을 느끼게 되니 두 분이 예쁜 사랑을 나누신 이야기가 어그러지고 삐뚤어진 사랑이 난무한 세상을 비추는 환한 빛줄기가 되리라 봅니다.

건강하세요. 현주랑 함께 찾아갈게요."

정말 가슴 뿌듯한 감상글이군요. 우리들의 사랑을 이토록 아름답게 보아주니 너무 고맙고 행복하군요.

환!
오늘은 가곡 '목련화'를 엄정행의 노래로 보내 드립니다.

천상으로 보내는 음악 편지 94

당신과 웃음을 섞으며 대화한 일이 그리 멀지 않은 시간이었었는데….

지금 추운 겨울에 서서 잃어진 당신 웃음을 허공에 대고 찾아봅니다.

환!

어젯밤 꿈에 희미한 존재의 당신을 보았습니다.

오늘은 베토벤의 교향곡 5번 '운명'을 보내 드립니다.

제 03 부

천상으로 보내는 음악 편지

천상으로 보내는 음악 편지 95

가까운 이웃 친우가 내 곁을 떠나 하늘로 가셨습니다.

30년 전에 뇌졸중으로 반신이 불편했던 그분. 그래도 불심이 깊어서 정신력으로 바르고 인자하게 살아오셨는데 이렇게 홀연히 가시니 남으신 그분의 남편분은 어찌실까.

작년 12월 6일 그때 통화가 그분과 마지막 통화가 될 줄이야.

늘 나를 과대평가하시며 퍽 좋아하셨던 함 여사님.

이제 아프고 불편한 몸 벗어 놓으셨으니 훨훨 가벼운 몸으로 극락왕생하시어 편히 지내소서.

우리는 부처님의 제자로서의 불교 친구, 나도 얼마 안 있어 그곳으로 갈 것입니다. 사랑하는 남편도 만나고 그리운 함 여사님도 만나려요.

그러나 이 외로워지는 마음 무슨 수로 달래야 합니까.

늘 만나지 못하고 통화로만 만났던 우리들.

80세의 연세로 마지막 이생의 인연.

2018년 1월 19일.

부디 왕생극락하십시오. 기도드립니다.

민정이 아빠! 당신도 아시는 일엽 어머니가 어제 타계하셨답니다. 너무 곧고 좋으신 분이었는데요.

늘 당신의 안부도 걱정하고 병환의 차도가 있다고 하면 자기 일처럼 좋아하시던 고운 마음씨였는데….

환!

모든 사람들과의 이별은 너무 견디기 어려운 아픔이군요.

내 대신 이 서방이 장례식장에 다녀왔어요. 오늘은 **'밤하늘의 부르스'**를 보내 드립니다.

천상으로 보내는 음악 편지 96

세월이 참 빠릅니다. 새해인 2018년도 벌써 1월이 다 가고 2월. 어제가 봄이 시작된다는 입춘.

이렇게 빠르다 보면 당신 만나러 하늘에 가는 날도 머지않을 듯싶군요.

암컷과 수컷이 각각 눈과 날개가 하나씩이라서 짝을 짓지 않으면 날지 못한다는 상상의 새.

비익조!

요즘 이 상상의 새를 생각해 봅니다. 어쩌면 지금의 내 처지가 비익조인 듯.

내 오른쪽의 눈과 날개였던 당신이 사라진 지금 난 무엇도 잘 보이지 않고 날갯짓하며 어디 가고 싶지도 않고, 가지도 못합니다.

남은 여생을 잘 살아야 한다고들 하지만, 지금 나의 상태는 무엇이 잘사는 건지 잘 모르며 모든 것에 아무 뜻이 없습니다.

비익조처럼 내 한편의 짝인 당신을 만나야 정상적인 구실을 할 수 있으니, 당신 만날 때까지 반쪽의 불편한 생활을 할 수밖에 도리가 없습니다.

환!

오늘은 패티 페이지의 '테네시 왈츠'를 보내 드립니다.

천상으로 보내는 음악 편지 97

음력 정월 초이틀.

당신 안 계신 당신 82세 생신을 맞습니다.

살아계신 생일잔치처럼 정성스러운 차례상을 차리고 모든 가족이 차례를 올렸습니다.

허무라기엔 너무 허무스러운 일.

아무 말도 아니 나옵니다.

언제인가 아! 그렇지 당신 회갑 맞는 날.

큰 애가 회갑 기념으로 당신에게 어울리는 고급 코트를 사주어 입고 우린 함께 며칠 휴가를 내어 해인사로 여행을 떠난 일을 생각합니다.

해인사 근처에 숙소를 정하고 새벽에 법당에 들러 조용히 기도를 올리던 그때 그 일이 엊그제 같은데, 우리는 지금 생사가 갈린 채 이렇게 저물어 가고 있으니 인생의 허망을 새삼 느낍니다. 그때 사진 촬영을 해서 기념 앨범을 만든 해인사 경내 사진을 펼쳐 보며 또한 그때 기록한 일기를 읽어봅니다.

1997년 2월 8일(음력 1월 2일)

해인사에 계시는 어느 스님의 말씀을 적어본다.

"좁은 산길은 길을 느끼는 자에게만 가슴을 열고, 욕심을 버리고 작은 희망을 기뻐하는 자에게만 환영의 손짓을 한다.

… 중략 …

우리의 세계는 우리에게 영원한 안식처로 존재하는 것이 아니다. 잠시 머물다 떠나야 하는 곳, 바로 그것이 이 세계가 우리에게 가지는 의미의 전부일 뿐이다. 욕심을 가지고 욕망을 쫓기에는 너무도 덧없는 것이 아닌가!"

어느새 그 사람 회갑을 맞게 되었다. 그 사람과 함께 30년을 뛰어온 길엔 삼 남매의 바르게 성장한 모습이 큰 보람이고,

큰일, 작은일 겪으며 바쁘게 살아오는 지금. 이렇게 머리엔 드문드문 서리가 내리고 있을 뿐. 그뿐. 스님의 말씀처럼 모두 덧없는 것이 아닐까.

이틀만이라도 우리 본연의 모습을 찾아보고 욕심의 세계를 벗어보고자 해인사를 찾았다.

환!
오늘은 헨델의 '사라반데'를 보내 드립니다.

천상으로 보내는 음악 편지 98

봄이 문턱을 넘어온다는 입춘이 지난 지도 20여 일이 되어가지만, 아직은 겨울이 남아있어 바람이 차가워요. 그래도 어딘가 쌀쌀함 속에 봄의 입김이 느껴지기도 한 요즘. 이 세상이 마음가짐에 따라 세상의 상태가 즐겁게도, 어둡게도 보인다는 이치.

내 주변 모두가 다 그대로인데 당신만이 안 계신 지금, 내 마음의 상태가 허전하고 우울하니 세상이 밝고 좋게 보일 턱이 없지요.

집착이란 정말 무서운 병인 것 같습니다. 당신에 대한 지난날의 행복했던 집착 때문에 나는 우울에서 벗어나질 못하고, 상실감으로 오랜 시간을 보내야만 하니….

그러나 그럴 듯도…. 반세기를 같이 정겹게 살아온 깊은 정을 무를 자르듯 잘라 잊는다는 것이 어찌 사람의 도리나 정이라 할 수 있는지요?

불교 경전에 나오는 천상. 중생들이 좋은 선업을 지어가는 하늘 세계에 욕계육천이라는 곳이 있답니다.

이 세상에서 좋은 업을 지어 당신과 같이 그곳에서 같이 있을 수 있다면 얼마나 좋을까 하는 망상도 해봅니다.

살아있는 동안 마음 잘 챙겨 수행을 해야 할 것 같습니다. 남 탓하지 않고 자기 잘못을 인정하는 마음의 자세에 정진하도록 노력해야 한다고 마음을 먹습니다.

환!

우리 정말 하늘 세계에서 꼭 만나기를 기원하며 오늘은 '가을의 속삭임'을 보내 드립니다.

천상으로 보내는 음악 편지 99

저녁때가 되어가는 데도 점심 식사한 것을 아직도 소화를 시키지 못해 가슴이 답답하여 공원보다는 거리로 산책을 나섰습니다. 모처럼 많은 사람들을 보며 거닐었습니다.

세이브존과 롯데마트 주변에는 젊은이들이 삼삼오오 떼를 지어 거닐며 그들만의 은어랑 다소 다른 억양으로 말하고 웃는 양이 싱싱하기도 하고, 군데군데 살이 벌겋게 드러나 보이는 뚫어진 청바지의 모습이 이젠 낯설지도 않습니다.

그리 오래되지 않은 지난날 우리 아이들 어렸을 때만 해도 바지를 고를 때 약간 흠만 있어도 바꾸어 고르기도 했었는데, 일부러 너덜거리도록 뚫어진 바지를 돈 주고 사는 유행의 시대가 내 상식으로는 아연할 수밖에 없군요.

세월이 가고 유행이 바뀌어가고 내 얼굴에 주름이 생기고 당신의 존재가 내 곁에서 사라지고….

이 변천하는 사실 앞에 나는 그저 멍할 수밖에 없습니다.

내일모레 26일이면 당신이 하늘로 가신지 만 1년이 되고 내일 25일엔 우리 집을 아침에 나가시고 다시는 오지 못한 날. 이 가슴이 어찌 되는지 모를…. 아프다 못해 순간순간 숨이 막혀옵니다.

같이 반평생을 지내다 남은 자의 처연함….

환!

당신과의 모든 기억을 들추어 찾아보며 오늘은 '추억'을 보내 드립니다.

엊그제 3월 6일은 개구리가 잠에서 깬다는 24절기 중 세 번째의 절기로 계칩이라고도 하는 경칩.

새싹을 돋는 것을 기념하고 농사를 준비하는 절기로 삼라만상이 잠을 깬다는 계절. 우수와 경칩이 지나니 이제 봄이 본격적으로 시작되는듯싶군요.

날씨는 미세먼지 주의도 없고 괜찮아 지난날 당신과 가끔 가던 수림원 뒷산에 혼자 산책을 했습니다. 며칠 전 내린 비로 인해 산야는 축축했고, 갈잎이 수북이 쌓인 밑으로 떨어진 도토리가 껍질이 불어 썩었는지 도토리 냄새가 산야에 퍼지고 있었어요.

당신과 예전에 쑥과 냉이를 캐던 들판은 아직 파란 싹들이 많이 돋진 않았지만…. 벚꽃이 만개하여 꽃비를 뿌리며 하락했던 그 아름다운 풍경을 바라보던 때를 생각하며 서 있는데, 그때처럼 전동차가 지나가는군요.

전동차 지나가는 소음 속에 인생 무상함을 느껴봅니다.

아무도 없는 이 적적한 공원에 홀로 서서.

파란 하늘에 떠 있는 흰 구름 뒤에 당신이 내려다보는 느낌을 가지며 언젠가 김제 동생네 가서 동생들에게 한 말이 생각나는군요.

"애들아 나는 형부가 돌아가시고 한 가지 버릇이 생겼어. 저 하얀 구름 뒤에서 형부가 꼭 나를 내려다보신다고 생각하는….”

둘째 동생의 반응.

“언니 지금 몇 살이야. 유치원 애들이나 생각하는 그런 상상을 하다니…. 언니 나이는 그런 생각을 하는 나이는 아닌 것 같은데…. 언니는 너무 순수한 것이 병이야. 이제 형부 좀 조금만 생각해….”

그럴까요. 아직 당신 꿈속에 묻혀있는 내가 너무 현실과는 먼 시간 속에 살고 있는 것인지도 모르겠습니다.

혼자 공원 벤치에 앉아 내 옆에 당신이 있다면 하고 기다려도 만날 수 없는 당신을 생각합니다. 예전엔 기다린다는 것은 지루하고 짜증난다고 하던 그 행복한 철없는 시절이 그립습니다.

환!

오늘은 베토벤의 ‘로망스 F장조’를 보내 드립니다.

천상으로 보내는 음악 편지 101

하늘에 떠 있는 별. 구름이 잠시 가리어 보이지 않더라도 바람이 구름을 밀어내면 다시 나타나는 빛나는 별.

사별이라는 구름. 그 요지부동의 구름으로 가리워진 당신은 이생에서는 다시 볼 수 없는 별이 되셨습니다.

엊그제 3월 16일(음력 1월 29일) 당신이 하늘로 가신지 1주기였습니다. 양력으로는 약 한 달 가까이 지났지만, 작년엔 윤 5월이 있어 한 달이 늦어진 3월이었습니다.

어떤 마음으로 1년이 지났는지 모릅니다.

일본에 있는 아들은 일주일 전에 미리 와 있었고, 며느리와 승현이는 이틀 전에 와서 같이 준비를 했습니다. 오랜만에 사람 사는 집 같았습니다.

3남매와 듬직한 사위들 성숙한 손자 손녀의 예배를 받으시고 흡족히 음복하셨으리라 믿습니다.

제사상 앞에 앉아 너무 지루하게 세상 살기 원하지 않으니 적당한 시기에 날 데리러 오시라고 말한 내 마음, 아이들 앞에서 할 소리는 아니지만 솔직한 심정이었습니다.

아침에 일어나면 오늘 하루는 또 어떻게 지낼까 하는 걱정.

사소한 일도 당신과 같이 의논하며 느끼는 공유.

마음을 전달하는 그 자상한 나날들을, 그 습관을 쉽게 잊을 수가 없군요.
머지않아 진달래, 개나리, 벚꽃 등 여러 봄꽃이 필 것입니다.

남쪽 지방에서는 매화꽃이 피었다는 꽃 소식이 있지만, 여긴 아직 일찍 피는 산수유꽃도 봉오리만 작게 맺혀 있어 고개를 내밀 뿐 꽃들이 피기엔 아직 이른가 봅니다.
꽃이 핀들 당신 없는 내 가슴은 춘래불사춘. 봄은 없을 듯합니다.

환!
오늘은 송창식의 '딩동댕'을 보내 드립니다.

천상으로 보내는 음악 편지 102

겨울 혹한으로 두껍게 얼었던 땅도 스멀스멀 풀린지도 꽤나 지나 이제는 정신 차린 땅이 씨앗을 품고 싶은 4월이 되었습니다.

식목일을 앞둔 화원들은 다양한 꽃모종을 담은 꽃판이랑 묘목들 준비로 가득 찼습니다.

개인 주택에 살 때에는 정원이 넓어 욕심껏 묘목이랑 꽃모종을 샀지만, 아파트로 이사 온 뒤로는 베란다의 작은 꽃밭이기에 많이 못 사고 여러 색의 물봉선화를 골라 25개짜리 꽃모종 한 판을 5천 원 주고 샀지요.

인도네시아산 굴피나무 껍질로 만든 낮은 원기둥 모양의 예쁜 울타리로 된 꽃밭. 그곳에 분갈이 영양토를 골고루 다듬어 꽃모종을 색 맞추어가며 심으면서 느끼는 5천 원의 행복. 5천 원으로 누릴 수 있는 일이 얼마나 대견한 일인가 생각했어요.

이 꽃이 번성하여 날마다 꽃을 피우고 물을 주고…. 추운 초겨울까지 핀다 하니 경제적으로도 얼마나 아름다운 절약인가요! 몇 달 동안 아름다움을 보고도 단돈 5천 원만 드니.

나는 당신을 보며 말했지요.

“물방울 다이아몬드는 보지는 못했지만, 그 가격이 대단하다던데 나는 그 보석을 누가 나에게 준다 해도 이 창밖으로 내버릴 거예요. 그 비싼 물건을 갖고 있으면 흐뭇함보단 걱정이 더 많을 테니까요. 잃어버릴까 걱정, 어디다 잘 두었는지 생각 안 나 걱정, 누가 몰래 훔쳐 갈까 걱정, 잘못 다루다가 흠이 날까 걱정, 온통 걱정덩어리인 그 보석을 왜 갖고 싶겠어요."

하니까 당신은 기다렸다는 듯이

"암, 내 당신의 그 마음 알고 벌써부터 그 보석을 사주고 싶었지만, 창밖으로 버릴 것이 뻔한데 왜 사주겠어. 돈만 아깝게."

당신이 그렇게 말하니까 나는 별안간 얄미운 생각이 들어

"나 생각 바뀠어요. 그 비싼 보석 갖고 싶어졌으니까."

했더니

"아니 그럴 수는 없지. 지금 당신이 그렇게 말해도 속마음은 먼저 그 마음대로 버릴 것이 뻔하니 내가 참을 수밖에."

농담을 주고받고 꽃모종을 심으며 5천 원의 행복을 누리던 그때.

분수에 맞게 정직하고 소박하게 사는 것.

아이들 잘 교육하고 남에게 폐되는 일 안 하고 누구를 도울 수 있으며 산다면 더욱 좋고.

그것이 행복 아니겠습니까.

식목일이 되니 그 옛날 당신과 5천 원으로 행복을 찾던 일이 생각나는군요.

환!

오늘은 요한 스트라우스의 '봄의 소리 왈츠'를 보내 드립니다.

천상으로 보내는 음악 편지 103

봄! 완전한 봄인가 봅니다. 산에는 진달래, 개나리, 산벚꽃이 만발하고 또 조금 늦게 피는 목련과 오월에나 피던 라일락도 양달엔 거의 다 피었고, 응달에는 꽃봉오리가 피기 시작하는 봄.

모든 꽃이 순서를 기다리지 않고 이젠 전부 동시다발로 피고 있습니다.

아열대 기후. 이제 우리나라도 동남아 기후가 되어가고 있다고 합니다. 이렇게 세월의 기후도 변해가고 있군요.

엊그제 동생들이랑 점심 준비를 해 증산동 뒷산에 놀러 갔었어요. 산에는 온통 벚꽃과 진달래, 개나리로 화려했습니다. 바람이 많이 불고 4월답지 않게 추웠지만, 산나물도 캐면서 세 자매는 즐거웠습니다. 김제에 사는 셋째가 빠져 서운했지만 그런대로….

당신 생각에 마음 서글펐지만, 동생들 앞에서는 내색을 하지 않았습니다.

산 찔레순이 제법 많이 퍼졌습니다. 찔레순이 많이 퍼져 다북해지면 굵고 연한 순을 따서 나에게 주며,

"시골에서 우리 어렸을 적에는 이런 것들이 우리들의 간식이었어. 먹어봐. 맛있어."하고 껍질을 벗겨주며 권하던 당신이 새삼 생각나 가슴이 뻐근했습니다.

혼자 남아 추억한다는 것은 고문에 가까운 아픔입니다.

부부의 인연은 전생의 아픔을 갚고자 맺어진다는 것이 맞는가 봅니다.

언제까지 이 아픔을 갖고 살아야 하는지….

나에겐 봄 아닌 봄의 슬픔입니다.

환! 오늘은 오펜 바흐의 **'자클린의 눈물'**을 보내 드립니다.

천상으로 보내는 음악 편지 104

지극히 단순하고 어리석은 생각인지는 몰라도 요즘 나는 정말 의문스럽지 않을 수 없다.

왜 사는지….

슬프다가도 기쁘고, 아프기도 하다가 조금 괜찮아지고, 늙거나 젊거나 목숨이 다하면 이별하는 아픔, 풀 수 없는 운명적 고뇌, 미워하는 마음, 사랑하는 사람을 하늘에 보내는 마음, 병들고 또 늙어가고.

이런 모든 사람의 허망을 해결하기 위해 왕자 싯달라는 출가를 하셨고, 가진 고행과 수행으로 결국 번뇌 망상을 근본부터 뿌리 뽑아 자아라는 집착을 여의고 생사 해탈로 성불하셨다고 했는데….

그런 고차원적인 생각은 아예 할 수도 없는 어리석은 중생인 나는 그래도 하루 두 번은(아침, 저녁) 기도를 하지만, 가끔가다 회의도 동반한다.

나란 누구일까 누구길래 가까운 인연들을 맺고 그 테두리에서 방황과 고민, 안식을 구할까.

즐거움을 찾는 것보다 마음속의 괴로움을 여의어야만, 즐거움이 온다는 어느 스님의 말씀을 기억해 보며, 온갖 꽃이 만발한 4월에 나라는 존재를 생각해 본다.

환!

옛날 4월 같지 않고 모든 꽃이 순서를 기다리지 않고 다 피고 있습니다. 아주 화려하게.

그리움이 더욱 아련하게 피어오릅니다.

오늘은 비에나프스키의 '**로망스**'를 보내 드립니다.

천상으로 보내는 음악 편지 105

벚꽃 지는 밤에

구름처럼 만개한 벚꽃이
때가 되니
바람에 낙화로 나부끼며
꽃보라를 만드네

건넛산에서 우는
산비둘기 소리 구슬프고
그리운 사람을 떠나보낸 가슴엔
시린 아픔이 움터오네

꽃받침을 떠난 꽃잎들은
열매 안착을 위해 자리를 떠난다지만
그 사람은 누구를 위해
자리를 비켜주며
천국으로 떠났을까

아!
만물이 소생하는 봄이라지만
나에게는 춘래불사춘
잃어진 잠을 찾아
봄밤을 헤매이네

환!
벚꽃이 아름답고 서글프게 낙화하는 봄입니다.
오늘은 이주호의 '**모두가 사랑이에요**'를 보내 드립니다.

천상으로 보내는 음악 편지 106

꿈의 신봉자는 아니지만, 좋은 느낌의 꿈을 꾸는 날이면 남들이 말하는 길몽이지 싶어 어떤 기대를 하며 기분 좋은 아침을 맞는 때가 있었습니다.

하루를 평상시처럼 보내면서도 무언가를 기대하는 기분에 기분 좋은 날이 있었습니다.

옛날 신라시대 김유신 장군의 여동생들 보희와 문희 자매가 꿈을 사고팔아 보희에게 꿈을 산 문희가 훗날 김춘추와 문명왕후가 된 이야기는 너무 유명한 얘기라 나는 좋은 꿈을 꾸면 늘 웃으면서 당신에게 꿈을 팔고 그 대가도 받았었지요. 결과야 어떻든 간에.

재미있는 젊은 날이었습니다.

정말 꿈만 같은 날들이었습니다.

꿈이 깨면 모든 것이 허사.

지금 젊은 날의 꿈을 깨니 당신은 어디로 가셨는지 모를 슬픈 꿈이 되었습니다.

산다는 것이 꿈과 같은 것이 아닌가 싶습니다.

환!

오늘은 슈베르트의 '피아노 5중주(송어) 4악장'을 보내 드립니다.

천상으로 보내는 음악 편지 107

당신이 안 계셔도 4월은 어김없이 와서 산야에는 진달래가 아직도 가득합니다.

당신 49재 때 제단에 놓으려고 진달래 화전을 정성스레 부쳐 백자 접시에 자색 목련 꽃잎을 예쁘게 깔고 그 위에 진달래 화전을 아름답게 올려놓고 수국사에서 제를 지낸지도 벌써 일 년이 지났군요.

1970년 후반에만 하더라도 아직 가난한 시대라 진달래 화전이 지금처럼 널리 알려지지 않아 그 당시 진달래 화전은 참 귀했다고 봅니다.

그때 당신 북한산 등산회 멤버들 위해, 당신의 낭만과 입장을 빛내주기 위해 찹쌀가루를 장만해 뒷산 진달래꽃을 따다가 화전을 예쁘게 부쳐 소월의 진달래꽃 시를 원고지에 적어 배낭에 넣어주던 일이 엊그제 같은데….

등산하고 온 날 당신의 환한 얼굴에 웃음이 가득.

"오늘 너무 멋있는 등산이었어. 모두 진달래 화전을 보고 야! 이게 뭐야. 말로만 듣던 그 화전 아냐. 임금님 수라상을 위해 궁중에서나 만드는 음식인데."

하며 감탄들을 연발하며 소중하게 먹었으며 「진달래꽃」을 읊으니 낭만이 최고조였다고….

"정말 오늘 등산 기분 죽여주는 최고의 산행이었어. 당신다운 내조

일품이야. 사랑해!"

그때를 생각하며 지금 산야에서 진달래 꽃잎을 따서 입에 넣어봅니다. 산에 오르는 혼자만의 발길.

그리움에 눈앞이 뿌옇게 안개가 핍니다.

환!

오늘은 쇼팽의 '**폴로네이즈**'를 보냅니다.

천상으로 보내는 음악 편지 108

오랜만에 비다운 비가 내리고 있습니다. 그 덕에 미세먼지가 가라앉아 공기가 최고라고 하는군요.

이렇게 비가 오면 베란다 간이 침상에 작은 소반을 놓고 호박전을 안주 삼아 막걸리를 마시며 밖을 내다보며 나는 당신에게 솔베이지 노래를 불러드리면 참 행복했었는데….

그 일이 먼 일만 같지만, 재작년에도 그 행복이 있었는데…. 당신 정말 보고 싶다. 정말.

오늘 문갑에서 당신 일기와 약간의 서류를 정리하다가 나를 위해 쓴 어느 날의 일기를 보았어요.
여기 한 번 다시 필기해 볼게요.

첫눈이 내린 새벽길에서
나는 당신을 생각하였습니다.

거리에 첫눈이 내렸다오.
나는 그 눈을 밟으며
새벽을 갖고 있었다오.

"거리에 눈이 내리듯
내 마음에도 눈은 내리는데"라고 한
옛날의 나의 시(詩)를 생각하면서
다시 이런 시(詩)의 구절을 생각하였다오.

하얀 눈 위에 나의 님은 보이는데
까만 머리를 한 나의 님은
나를 향하여 아름다운 미소를 보이며
아름다운 언어를 말씀하고 있었는데
그 언어는
당신과 나 사이에는 하나의 커다란
끈으로 이어졌는데
옥황상제께서도 끊을 수 없는
아주 강하고 아주 아름다운
끈으로 이어졌는데
그 누가 있어 이 끈을 끊을 수 있으리오.

나의 님은 아름다운 언어를 가졌기에
그 언어로 나에게 말씀하였기에
나는 가만히 몸을 숙여
하얀 눈 위에 이런 글을 썼다오.

"당신을 사랑하오"

1987년 12월 3일 煥

새삼 감동하고 싶군요. 그때 내 나이 48세, 당신 51세.

옥황상제께서도 끊을 수 없는 우리들의 사랑인데 당신은 지금 먼 극락에 계시니 나도 하루바삐 이생 인연 다해 당신께 가고 싶습니다.

환!

오늘은 엘가의 '**사랑의 인사**'를 보내 드립니다.

천상으로 보내는 음악 편지 109

봄의 숲

— 청양 휴양림에서

혹독한 추위에
얼어 죽었을 것 같은 나뭇가지마다
신의 손길이 닿은 듯
싹이 돋고 자라나
제법 너불거리는 연둣빛 잎들이
바람에 하늘거리고 있습니다

견디며 참는 자에게 있는
푸른 희망인 것 같습니다

겨울 속에 잠입했던 봄이
승리했노라고 외쳐대는 듯
산새들의 지저귐이 대단합니다

이 찬란한 숲속
문득
혼자임을 느낄 때
바람이 귓전을 어루만지며
말하는 듯했습니다

머문 슬픔이 있거든
그 슬픔 잘 다스려
가슴속에 영원히 지지 않은
한 송이 꽃으로 승화시키라고

4월 25일 동생들과 청양 휴양림에 2박 3일로 다녀왔습니다.

그 숲길에는 연둣빛 봄이 한창이고 꽃들이 피고 지고, 땅 위에는 작은 야생 꽃들이 아주 예쁜 모습으로 피어 있었습니다. 그 숲길에서 당신을 생각하며 또 혼자임을 자각할 때의 외로움.

동생들과 정과 많은 대화 속에도 나는 당신을 놓아본 적이 없습니다. 숲속에 불어온 바람 소리처럼 당신으로 인한 머문 슬픔을 잘 다스려 꽃으로 살아야 하는데….

이제 벌써 4월도 다 가는군요. 세월 속에 묻혀 가는 당신과 나의 사랑 아름다운 꿈으로 간직하겠습니다.

환!

오늘은 수크의 '엘레지'를 보내 드립니다.

천상으로 보내는 음악 편지 110

당신 안 계신 어버이날을 2번째 맞이합니다. 민정이네와 현주네 식구랑 드라이브하며 맛집인 시원한 냉면으로 점심도 먹었습니다.

이렇게 당신 안 계신 혼자 자식들과의 만남과 점심이 왜 이리 허전하고 쓸쓸한 마음이 드는지 모르겠습니다.

어젯밤에 흰 봉투에 빨간 카네이션을 두 송이 예쁘게 그리고 그 속에 하늘에서 쓰시라고 용돈도 신권으로 넣었습니다. 꽃바구니를 할까 했는데 당장은 예쁘고 신선하지만, 시들고 난 모습도 좋지 않고 법당을 정리하는 보살이 수고롭게 폐기하여야 하기 때문에 포기하고 이렇게 봉투에 정성을 기울인 그림을 그려 당신 위패 앞에 놓았습니다.

봉투는 다른 신도들이 불전을 넣을 때 재활용도 할 수 있어서 더욱 좋습니다.

그제부터의 기도에는 당신 평온의 숲에서 수국사로 나들이 오셔서 저와 아이들과 만나자는 부탁을 드렸는데 당신 오늘 저희들 잘 만났지요. 카네이션 봉투의 용돈도 잘 받으시고요?!

마음속으로 당신과의 만남을 하고 법당을 나오니 날씨는 너무 화창합니다. 계절이 빨라져서인지 도량에 여러 송이가 소담스레 핀 모란이 벌써 지고 있군요.

이제 고작 5월 8일인데.

김영랑 시인은 「모란이 피기까지는」에서 '모란이 지고 말면 그뿐 오월과 함께 자기의 한 해가 다 간다.'고 했습니다. 그렇듯 당신 안 계신 내 행복도 다 당신과 함께 가버렸습니다.

환!

오늘은 김종찬의 **'사랑이 저만치 가네'**를 보내 드립니다.

천상으로 보내는 음악 편지 111

지금 산야는 나날이 푸름으로 바뀌어 가고 있습니다.

공원 오솔길 옆에 있는 겹겹으로 핀 진분홍빛 개복숭아 나무도 꽃잎은 이제 누렇게 말라 있고, 그 사이로 팥알만 한 애기 복숭아가 고개를 내밀고 있군요. 쇠뜨기풀로 잔디를 이룬 들길에는 소리쟁이도 고개를 높이 들고 망초도 흰 꽃을 피고 쑥도 대를 올리려 너불너불 올라오고 사방에는 애기똥풀이 노랗게 웃고 있어요. 이 풀을 보니 새삼 유년 시절 6 · 25 동란으로 외가댁에 피란 갔던 때가 생각나는군요.

이듬해 봄날 외할머니를 따라 친구 같은 내 또래 막내 이모와 외삼촌과 같이 나물하러 갔었는데, 밭 둔덕 위나 길가에 노란 꽃을 피우는 풀이 있기에 먹는 나물이냐며 칼로 밑동을 도려내니 동그란 밑동에 애기 똥고에 똥이 묻은 것같이 노란 진액이 가득 묻어 있었습니다.

나는 그 자리에서 '애기가 똥 싼 나물'이라고 즉흥적으로 이름을 붙이며 내가 이 나물에게 이름을 지어주었다고 으스댄 일이 생각나는군요. 외할머니는 독이 있는 나물이라며 못 먹는다고 말씀하셨어요.

그 후 성장해 생물에 대해 공부할 때 구입한 생물도감에서 그 애기가 똥 싼 나물을 보았는데 기막히게도 이름이 내가 지어준 이름과 너무 같은 "애기똥풀"이였어요.

내가 지은 이름과 같아 나는 놀랍고 자랑스러웠지요.

그 애기를 당신한테 하면서 나야말로 천재인가 보다고, 아니 천재

중에 초 천재라고 말도 안 되는 자랑을 하며 당신을 웃겨주던 생각이 나는군요. 그때처럼 지금도 당신한테 초 천재 아내를 둔 기분이 어떠냐고 또 웃겨주고 싶은데 당신은 지금 어디에 계신지요.

지금 산야는 산 찔레꽃과 복분자도 꽃몽우리를 하얗게 드러내고 벌써 아카시가 꽃타래가 매달려 있습니다.

당신과 함께 하얀 송이를 따서 술을 담그던 일이 생각납니다.

어느 한순간도 빠짐없이 당신과 같이하던 일 다 기억하며 마음 아픕니다.

이 화창한 날 이 산야에서 다시 한번 당신의 왕생극락을 빌면서 당신을 그리워합니다.

환!

오늘은 가곡 '그네'를 보냅니다.

천상으로 보내는 음악 편지 112

수일 전부터 송홧가루가 날려 빗물이 고인 작은 웅덩이엔 노란 가루가 떠 있다. 산에도 넓은 갈잎엔 비가 젖어 그 잎에도 얼숭덩숭 노란 가루가 얹혀있다.

다른 나무에도 여기저기 모두. 아까운 재료가 이렇게 바람에 흩날려 가치 없이 버려지다니. 이 송홧가루를 모아 다식을 만들면 귀하고 훌륭한 음식이 될 터인데. 아까운 생각이 든다. 하긴 헛되이 버려지는 것이 송홧가루뿐이겠는가.

사람들의 마음도 그렇다. 잘 다스려 자리, 이타적인 고운 마음씨로 이웃이나 사회에 이바지한다면, 얼마나 살기 좋은 인정 풍요로운 세상이 될 것인가.

인간다움을 모진 바람에 날려 버리고 사악해지는 각박한 마음이 난무하는 어려운 세상.

지금의 현실이 무섭고 살맛 안 나는 삶이다.

문명이 발달할수록 역비례하는 살벌한 인정.

이젠 푸른 하늘과 공기도 마음대로 볼 수도 없고, 마실 수도 없는 미세먼지라는 문명의 병으로 우리들의 생명은 병들어 가고 있다.

환!

당신이 계신 천국은 미세먼지의 불청객은 없겠지요.

나 그곳으로 당신 만나러 빨리 가고 싶습니다.

오늘은 '피서지에서 생긴 일'을 보내 드립니다.

천상으로 보내는 음악 편지 113

산야가 아카시아와 산 찔레 향기로 대단합니다.

오늘은 산행길 초입에 월계꽃 덩굴이 땅에 내려져 길 가던 행인들이 밟을 수 있기에 가시덩굴을 위로 묶어주려고 질긴 끈과 고무 풀먹인 장갑을 준비했습니다.

산행길에 오르면서 우선 가시를 피해가며 가지 줄기를 끈으로 묶어 뒤쪽 철망에 잘 매어놓고 또 다른 가지를 묶고 있는데 여러분들의 산행객들이 내 뜻을 알고 퍽 감탄을 했습니다.

'뭐 칭찬받을 일도 아닌데 그들의 칭찬을 받으니 많이 부끄럽군요.

모래알만큼 작은 일이라도 무엇인가를 위해 하고 싶어서 밟힐 수 있는 꽃나무 가지를 안전하게 올려줘 꽃을 마음껏 피게 하고 싶었을 뿐입니다.

부처님께서 남을 위해 작은 보시라도 하며 살라는 그 뜻을 받들며 살고 싶습니다.'

비록 하찮은 나의 작은 수고지만.

산비탈을 오르며 좀 힘이 들기에 언덕에서 숨을 고르고 있을 때, 아주 예쁜 작은 새 한 마리가 입에 벌레를 물고 얕은 나뭇가지에서 무엇인가를 찾는 모습에 귀여워서 그냥 보고 있는데, 갑자기 아래가지에서 날갯짓이 서투른 새끼가 쏘옥 나오니 어미 새는 입에 문 먹이를 새끼에게 건네주고 또다시 먹이를 구하러 날아가는 모습.

그 모성애가 어찌 그리 아름다운지요.

요즘 아동학대 거의가 친부모가 저지른다는데 짐승이나 미물만도 못하는 모성이 흔한 시대니 너무 슬프군요. 점점 각박해지는 세상.

무엇이 우리들의 마음을, 인간성을 벗어나게 할까 하는 생각을 아니 할 수 없군요. 산야에 울리는 뻐꾸기 소리가 왠지 서글프게 들려옵니다.

환!

오늘은 '모정'을 보내 드립니다.

천상으로 보내는 음악 편지 114

봄이 아직 길목을 비켜주지 않고 있는데 성미 급한 여름이 밀고 들어선 듯 29도의 더위에 당황합니다.

대답이 돌아오지 않는 당신 이름을 부르며 나는 오늘도 산야에 있는 호젓한 공원을 거닐었습니다. 주말이 아니면 인적이 드문 이곳은 당신을 오붓하게 사색할 수 있는 유일한 장소입니다.

5월이 다 가지 않았는데 산 찔레꽃은 거의 다 져가고 질경이는 꽃대가 올라와 꽃이 피기 시작하는군요.

애기똥풀도 이른 봄부터 노란 꽃이 피더니, 끝물인지 아직 노랗게 피고 있어요.

연둣빛에서 지금 초록으로 거의 물들어가는 숲.

산야가 이렇게 변하듯 지금 우리 한반도 정세도 격변하고 있습니다. 얼마 전까지 핵으로 불바다를 이루겠다고 협박하던 북한의 태도가 너무 쉽게 얼굴을 바꾸면서 핵을 포기한다고 하는 사실.

어떤 조건을 요구하는지 미국 대통령 트럼프와의 정상회담이 이루어지려 하는 지금 북한의 핵 포기가 정말 순수한 진실인지 여부가 숙제인 것 같습니다.

언젠가 북한은 냉각탑을 폭파하며 핵을 포기한다는 의지를 보여주었으나, 결국 그 사실은 눈속임으로 거짓되어 핵 개발을 쭉 이어온 사실.

핵의 완성으로 오늘 우리에게 겨누고 있는 무서운 사실.

이제 또 새롭게 약속하면서 핵의 포기를 믿어달라는 그 말을 우리는 어느 정도의 사실로 받아들여야 할지 그 진정성에 의구심을 갖습니다.
양치기 소년의 행동처럼 한 번의 거짓으로 그를 신용할 수 없게 만들어 버린 건 아닐는지요.

사방 강대국 속에 끼인 우리나라의 처신은 정말로 신중해야 할 것입니다. 그들 나라를 컨트롤하면서 살아남을 입장을 돋우는 일이 우리 정치인들이 해야 될 덕목인데, 지금으로 봐서는 요원한 일인 듯싶습니다. 큰 틀로 나라를 생각하기보다는 당리당략으로 서로 헐뜯으며 추하게 싸우는 모습에서 어떤 혐오를 느끼게 되는군요.
어떤 나쁜 결과에는 그 책임을 상대에게 미루고 책임을 지는 자가 없는 정치인들의 비양심적인 행태는…. 하긴 어제오늘의 일이 아니지요.

오래전에 떨어진 아카시아 꽃잎이 오솔길에 누렇게 말라져 가고 있습니다. 그 향기 좋던 꽃이 이제 인연 다해 내년으로 그 모습 기다려야 되겠군요.
오랜만에 미세먼지 없이 공기가 맑고 하늘이 푸릅니다. 이 순수한 자연 속에서 잠시 나라의 안정됨을 기원해 봅니다.

환!
오늘은 당신과 함께 우리나라의 평화통일을 기원해 보면서 야상곡 'E. 프렛. 메이져'를 보내 드립니다.

천상으로 보내는 음악 편지 115

쥐똥나무

모든 사물에게 주어진 이름을 보면
그 나름대로 의미와 뜻이 있는 것 같다

5월 중순
요즘 한창 꽃이 피어
향기가 대단한 쥐똥나무

얕은 가로수
알기로는 매연을 잘 흡수한다고 해
길가에 흔히 볼 수 있는 나무로
이름이 너무 우습다
하필이면 쥐똥나무일까

하얀 쌀알 같은 꽃이 모인 작은 송이에서 나는 향기가
아카시아 향내처럼 아주 좋다
쥐똥하고 너무 거리가 먼 꽃인데
누가 이 나무 이름을 이렇게 지었을까

꽃이 지고 나면 열매가 맺는데
늦가을께면 딱 쥐똥만 한 까만 열매가
익기 때문이다

대단치 않은 겉보기보단
속으로 그윽한 향기를 품은
아름다운 진실을 본다

요즘 밖에 나서면 사방 쥐똥나무 향기가 대단하게 향기롭습니다. 어린이놀이터 키 작은 울에도, 길옆 낮은 울에도, 작은 키의 가로수 쥐똥나무 꽃향기가 은은히 퍼집니다.

별스럽지 않은 모습의 꽃에서 이토록 아름다운 향기를 풍겨주니, 사람에 비유하자면 외모가 그냥 수수하거나 더 못난스러운 모습과는 달리 깊은 교양과 덕을 갖춘 인격의 소유자가 아닐까 생각해 봅니다.

환!
오늘은 보케리니의 '미뉴엣'을 보내 드립니다.

천상으로 보내는 음악 편지 116

세월이 흘러도 산은 그대로 든든한데 우리들은 몇 년 사이에 다리에 힘이 줄어 조심조심 산길을 걷는다.

한 해 한 해 세월을 가슴에 안고 살다 보니 몸이 힘겨워 삶이 슬플 때도 있다.

자연에서 태어나 자연으로 돌아가는 길엔 눈비 들이치는 일도 많았지만 그래도 잘 참고 육십 고개를 넘어왔다.

세월이 지난 만큼 지혜로워진 눈으로 산을 바라보니 더 소중하고 더 아름답게 보인다.

2001년 1월 26일 설악산에서.

아마 당신과 함께 속초 집 설악빌리지에 며칠 쉬러 갔었던 때인 것 같군요. 오래된 일기장 속에 든 메모였습니다.

60이 갓 넘은 나이에 우리들은 이미 건강이 조금씩 기울고 있었나 봅니다. 몸이 힘들어 슬퍼했던 것을 보면….

그때가 벌써 17년이나 되었군요.

오늘 지방선거 광역단체장 투표 날입니다. 선거 때마다 늘 당신과 같이 가던 길을 혼자 간다는 생각을 하니 너무 슬퍼 그만 포기할까 생각도 했었는데, 신중하게 생각해보니 국민의 한 사람으로서 권리와 의무를 행사해야 마땅하다는 생각으로 투표하기로 마음 고쳐먹었지요.

선거를 하게 되는 날이 되면 당신과 함께 정당도 정당이지만 그 사람 됨됨이와 해낼 수 있는 참신한 공약을 약속하는 인물로 하자고 공약 사항을 꼼꼼히 보면서 의논하던 일….

이제 나 혼자 결정하여 가는 길 많이 슬펐습니다.

투표하고 바로 그 길로 배라산 초입에 자리한 아담하고 조용한 공원으로 갔습니다.

혼자 풀숲과 나무들을 바라보며 마음을 조용히 가라앉혔습니다.

인동초꽃이 다 피어 시들어 말라 있었고, 작고 노란 송이의 씀바귀꽃도 앙증맞게 바람에 하늘거렸습니다. 평상 앞 작은 뜰에 망초꽃 무리가 안개꽃처럼 메밀꽃처럼 하얗게 바람에 물결치고 있군요.

너무 순수하고 아름다운 야생 꽃의 군무.

잠시 모든 것을 내려놓고 잊으며 그냥 하얀 꽃송이의 물결 속에 묻혀 허전한 마음을 쉬어 봅니다.

환!

당신은 지금 하늘 어디쯤 있을까? 보고 싶다.

오늘은 가곡 오현명 씨가 부른 '그 집 앞'을 보내 드립니다.

천상으로 보내는 음악 편지 117

우리가 사는 5단지에서 조용한 성라공원으로 가는 길은 작은 공원을 소유한 2단지. 쥐똥나무로 울을 친 옆길을 가야 되죠.

낮은 울이기에 공원 안이 환히 잘도 보이죠.

한가한 벤치, 평상, 아기자기한 공원수들, 그것 중에서 제일 내 눈에 늘 가슴 아파 들어오는 평상. 어느 땐가 공원을 거닐다가 피곤한 당신이 평상에서 내 무릎베개를 베고 잠시 쉬고 있는데, 가까운 곳에서 인기척이 나니까 얼른 일어나 벗어놓은 운동화 한 짝을 집어 목에 두른 머플러를 벗어 덮어씌워 베개로 베면서 "아, 편하다" 하며 쑥스러워했던 일.

사실 생각하면 우리 나이에 뭐 그리 수줍어할 일은 아닌데요. 더구나 당신은 좀 불편한 몸이니까요.

지금 시대가 어느 시대인가 하면 젊은 애들은 길가에서 거리낌 없이 끌어안고 애정표현을 하고, 전철 안에서도 뺨을 부비는 민망스러운 광경이 벌어지는 세상. 나이 지긋한 우리들이 간호 차원에서 무릎 정도 빌려주는 것은 오히려 보기 좋은 풍경은 아닐는지요.

나는 지금 당신이 살아계신다면 날마다 당신 손잡고 무릎베개를 해드리고 싶어요. 하늘과 푸른 나무숲이 싱그럽게 펼치고 있는 이 조용한 평상에서 말입니다. 날씨가 너무 더워지기 시작하는군요. 오늘도 33도.

환!

오늘은 브람스의 '헝가리 무곡 6번'을 들어볼까요.

천상으로 보내는 음악 편지 118

러시아 여행

급변하는 세계
이념의 대립과 반목보다는
평화의 공존을 내세우는 글로벌 시대.

관광여행 개방이 늦은 러시아
여행 목적지에 하나인 블라디보스톡 거리엔
고풍스러운 유럽풍의 건물도 눈에 띈다.
이런 건물들은 백 년 내지 이백 년이나 되는 건물이란다.

붉은 벽돌로 지은 단단해 보이고
어딘가 격이 있어 보이는 건물
아담하고 차분한 세련되게 예쁜 창문으로
장식되어 있는 집들.

문득
러시아의 대문호 톨스토이의 작품
『부활』을 생각한다.
귀족을 중심으로 한 상류사회의 부정과 부패
제정 러시아

네흘류도프라는 공작이
자기에게 유린당해 결코
불행의 길을 걷는 카투사에게
속죄하는 인도주의적인 배려의 휴머니즘
가슴 뭉클했던 기억이 새롭다.

눈보라 치는 시베리아 혹한에
공작의 지위도 버리고 살인 혐의로
유배 가는 카투사 뒤를 따르는
네흘류도프 모습의 영화 한 장면도 눈에 선하다.

하얀 벌판에
영혼의 부활이 승천하는
신비로운 영상을 상상해 본다.

두 번째 여행지인 하바롭스크.
날씨는 변화무쌍
비가 내렸다 금세 개이고 또 내리고.

늦저녁
이층 침대 기차를 타고

어둠 속을 달리다 새벽을 맞아
뿌옇게 먼동 튼 창밖을 내다보니
끝없는 평온에 흰 나무 기둥이
마치 굵은 젓가락 같은 모습으로
푸른 초원에 쭉 정연하게 서 있는 자작나무 숲이
아련하게 아름답다.

노벨문학상 작품인
보리스 파스테르나크의『닥터 지바고』
영화의 한 장면도 떠오른다.
자작나무 설경 속을 마차를 타고 달리는
연인 지바고와 라라.

눈 덮인 벌판 속의 외딴 집에서
안타까운 마지막 이별을 하고
마차를 타고 밤길을 떠나는
라라의 모습을 지켜보며
한순간이라도 더 보려고
성에 낀 창문을 손의 온기로 녹여가며
내다보는 지바고의 애절한 이별 장면을
생각해 본다.

아름답기에 더 아프고 슬픈 사랑이라 했다.

창밖으로 보이는 자작나무 숲을 지나며
세상 모든 연인들의 아름다운 사랑이
다 이루어지길 진심으로 소망해 본다.

2018년 6월 28일
러시아 하바롭스크에서.

은숙의 권유로 함께 러시아 여행을 하고 왔습니다. 막내가 사정으로 빠져 명숙 친구 창숙이와 함께 우린 네 사람으로 함께 했습니다. 창숙이는 옛날 어릴 적부터 같이 지내온 동생. 친동기간 같은 사람으로 지금은 목사로 목회 일을 보는 참신한 동생이죠. 모든 것에 넉넉하고 부드럽고 적극적인 성품으로 그녀도 이제 72세.

아! 정말 내가 생각하기엔 동생들은 나에게 모두 어린 존재인데. 우린 옛날 생각하며, 명숙과 은숙, 창숙 네 자매로 여행을 즐겼습니다.

러시아 생각을 하면 초등학교 때 책에 쓰인 문구가 생각납니다. 철의 장막 소련.

무섭게 다가오던 그 러시아를 여행하다니. 그리고 6 · 25 전쟁 생각을 하면 더욱 친근할 수 없는 나라고.

레닌 광장이니, 무슨 광장이니, 거기에 동상도 많구요. 전쟁 때 무슨 공을 세워 위대하다고는 하지만, 나는 사실 가이드의 말을 들었지만 별 관심이 없었어요.

당신의 사진을 패스포트에 넣고 같이 다닌 것 느끼시나요. 이층 침대를 타고 새벽 자작나무 숲을 지날 때 나는 사진을 꺼내 창밖으로 보이며, 당신과 함께 기차여행을 슬프게 즐겼습니다. 동생들이 눈치 못 채게.

나이가 나이인지라 기차 멀미는 대단했고, 좁은 공간에 에어컨 바람이 차가워 천식 때문에 혼이 났습니다.

은숙이도 기침을 많이 해서 걱정을 했지만, 무사히 여행을 마치고 인천공항에서 건강한 모습으로 헤어졌습니다.

내 나이 79세. 이제 아마도 외국 여행은 끝이지 싶습니다. 이번 이 여행은 당신과 함께 자작나무 숲을 지나는 기차여행을 하고 싶기에 큰마음을 먹었습니다.

당신과 같이 여행을 했다면 닥터 지바고 얘기를 많이 했을 것 같았어요.

환!
오늘은 '샤레이드'를 보내 드립니다.

마음의 산책

마음을 쉴 때
마음이 가고 싶은 곳이 있다

한 번도 가보진 않았지만
마음속으로 그리는 곳

아주 먼
세상의 오탁이 묻지 않은
깊은 산속 작은 절

빗질 선명한
깨끗한 도량에
남보랏빛 수국이
법당 앞에 소담스레 피고

푸른 바닷속의 물고기가 뛰어올라
하늘의 바람을 타고
고색 짙은 법당 추녀 끝에 매달려
중생들의 미혹을 깨우려
평온한 노래를 부르는 풍경

그 가만한 고요 속에
때 끼인 마음 한 자락씩
씻기워가는 곳

그렇습니다. 세상의 오탁이 물들지 않은 그 조용하고 정갈한 도량. 제 마음 꿈속의 절입니다.

모든 마음 다 접고, 당신 잃은 슬픔도, 당신 그리는 이 마음도 다 내려놓고 한 겹의 흰 너울처럼 훨훨 날아가 작은 법당의 부처님께 정성을 다해 경배 드리겠습니다. 그리고 빗질 선명한 깔끔한 도량을 거닐며 바람을 맞아 그윽하고 평온하게 노래하는 풍경을 바라보면 이 마음을 가리운 먼지 같은 번뇌가 다 떨어져 나가 가슴이 한결 가볍고 깨끗해질 것만 같습니다.

이승을 떠날 때 육신은 지, 수, 화, 풍으로 흩어지고 영혼은 다시 다른 곳으로 옮겨 간다고 하니, 내 영혼 하늘의 어느 곳이든 당신을 찾아갈 것입니다.

하늘에서 당신을 만나면 나는 어떤 모습을 하고 있을까 한 번 상상해 봅니다. 너무 반가워 울까 아니면 너무 반가워 목석같이 굳어 그냥 서 있을까. 아마 나는 눈물도, 말도 잊은 채 그냥 바라볼 것만 같습니다. 너무 벅찬 반가움에.

환!

언젠가 그날을 기다리며 오늘은 '영광의 탈출'을 보내 드립니다.

꿈을 가져라

준연, 서영, 동우, 승현아!
꿈을 가져라
꿈이 없다면
그 꿈이 없는 얼굴
그 얼굴은 이미 꿈을 잃어
바람이 일면 한쪽으로 찌그러지고
눈, 비 맞으면 허물어지고
뜨거운 햇볕을 쬐면 그 얼굴의 상징인 눈은
희미한 안개 눈이 되어
Anytime와 Anywhere를 구분 못 하는
인간이 될지니라.

준연, 서영, 동우, 승현아!
시간은 아주 소중한 것이니라.
네 주머니 속의 용돈 만 원보다
네가 입고 있는 깨끗한 교복보다
TV에서 울리는 '소녀시대'의 화려한
율동 소리보다 더 아깝고 소중한 것이 있나니
그 바로 Time 이니라.

네 할아버지 오늘에 일흔여섯의 나이
내 사랑하는 손자 손녀의 나이에 몇 배를 더 셈할까.
76년 동안 언제 어디에서 어떻게
살아오면서 그 많은 '시간'을 어떻게 보냈는지를
이야기할까.

서영이처럼 예쁜 세헤라자데가
일천 날 밤 동안 술탄에게 한 것처럼
76×365×24시간을 셈하여 이야기할까.
할아버지는 말하노니
"너희들이 좀 더 자라고 학문을 어느 정도
익히게 되면 스스로 알게 된단다.
내가 하고 싶은 이야기.
우리 사랑스러운 너희들은
자연적으로 알게 된단다.
옛글에
이심전심(以心傳心)이란 말이 있으니
새겨두거라."

할아버지 경험 한 가지만 이야기할까 한다.
"이 할아버지는 꿈이 많았지.
그 꿈나무를 키우기 위하여 옛 성현의 말씀도
찾아보고 한 곡의 음악보다 백 가지의 음악을

한 가지의 글보다 백 가지의 글을 읽어
내 마음 안에서 자라는 꿈나무에게 밑거름이
되도록 하였느니라.
이리하여
할아버지는 할머니와 함께 행복하니라.
준연 엄마, 서영 엄마, 승현 아빠 이렇게
3남매에서 태어난 너희들 4촌 남매를 4명.
꿈이 있었기에 오늘이 존재한 행복이란다.

내 진정 사랑하는 준연, 서영, 동우, 승현아!
너희들 가슴 안에 꿈을 간직하여라.
너희들은 자라면서 바람과 눈, 비, 그리고
여름날의 뜨거운 태양을 만날 것이니라.
그때 너희들 가슴 안에 둔 그 꿈을 꺼내거라
그 꿈은 창과 방패가 되어 너희를
지킬 것이다.

더욱 지켜야 할 것은
시간임을 명심하거라.
시간을 명심하고 꿈을 키우는 열의는
너희들을 향한 합창이 있으리라."

며칠 전 문갑을 재정리하다가 다른 서간문집 속에 당신이 아이들에게 쓰신 편지를 발견했어요.

아이들을 위해 좋은 글을 남기신 것이기에 여기 다시 적어 보았습니다. 손자 손녀가 궁금해서 어찌 하늘에서 보내시고 계십니까. 준연이가 대학 1학년, 서영이가 올해 고등학교 3학년, 동우는 고등학교 1학년, 승현이는 이제 초등학교 2학년이 되었습니다.

다들 대견하지요.

아마 당신 뜻대로 아이들 잘 성장할 겁니다.

아무 걱정 마시고 하늘 생활 잘하시고 어느 때가 될지는 모르지만 저와 만나는 날을 기다리세요. 당신 안 계신 이승 생활 전부 소상하게 다 얘기해 드릴게요. 하나도 빼놓지 않고.

환!

당신 만나는 날 손꼽아 기다리며 오늘은 베토벤 교향곡 9번 '환희'를 보내 드립니다.

천상으로 보내는 음악 편지 121

날씨가 너무 더위를 서두르는 것 같군요. 오늘 35도의 폭염.

옛날 같으면 7월 그믐께쯤에나 폭염이 시작되는 것 같았는데, 이제는 7월 초부터 더위가 극성이에요.

아마도 지구온난화 이변 때문이 아닌가 싶군요. 장마도 70년 만에 온 최단 장마로 벌써 끝나고 불볕더위가 기승을 부려요.

아침 일찍 해가 퍼지기 전에 산책을 나섰습니다. 애들에게 몸이 아프다는 것 보이기 싫어, 귀찮아도 다리에 힘을 기르기 위해 꼭 산책을 합니다.

약이 발달함에 세균도 더 강해진다더니 산야에는 흰 백납충이 나무마다 여린 순에 하얗게 붙어있습니다. 웬만하면 비 온 뒤에는 다 비에 떨어져 나가련만 이 해충들도 이제 더 강해져서 비가 와도 씻겨 내려가지 않나 봐요.

숲 비탈에 오르며 귀한 꾀꼬리버섯도 여러 송이 따고 밀버섯도 몇 송이 땄어요. 당신이 옆에 있다면 귀한 버섯 땄다고 자랑하며 좋아 뛰었을 텐데. 오히려 재미도 없고 그냥 슬프기만 하군요.

조용하고 쾌적하면 그래서 보고 싶고, 남들이 행복하게 웃으면 외로워서 보고 싶고, 모두 다 이유를 담고 보고 싶군요. 토요일은 수국사에 가서 백중 초재를 올리고 봉투에는 그림으로 흰 연꽃을 피어 올렸는데 잘 받으셨는지요? 마음에 드셨나요?

환!

오늘은 비발디의 사계 중 '봄'을 보내드립니다.

천상으로 보내는 음악 편지 122

사색

한숨 깊이 자고 나면
새벽 2시 안팎
날마다 이맘때면
누가 깨우는 것처럼
눈이 번쩍 떠진다

잠은 이제 끝났고
날이 밝으려면 몇 시간을 더
어둠과 마주해야 한다

과거 현재 미래
삼세를 눈감고 사색해 본다
소망으로 끝난 포부
그래도 누렸던 행복
미지수 외로움의 행진
앞으로 더 늙음으로 다가와 허물어지는 건강의 불안

눈 감은 어둠 속의 망막에
되돌아가고 싶은 어린 날의 추억이
아련한 반딧불이로 반짝인다

어느새
희끄무레 해지는 창문
먼동이 어둠을 사르고 있나 보다

한숨 자고 나면 깊은 새벽 두어 시 경. 그 후론 잠을 잊은 지 퍽 오래된 일입니다. 날이 밝을 때까지 몇 시간을 어둠 속에 시간을 보내야 하죠.

불면증이네 우울증이네 하는 푸념보다 차라리 어둠을 친구 삼아 불 밝히고 책도 읽고 글도 쓰며, 그날의 계획도 잡아보고 행복했던 시간들도 회상하면서 유용하게 보내는 것이 현명하다 생각 들어 그렇게 하고 있습니다.

어느새 날이 밝으면 간단한 차림으로 핸드폰 손가방 하나 챙겨 들고 산책에 나섭니다.

쏴 한 아침 공기 마시며 밖으로의 첫 만남.

오늘따라 숲을 바라보니 칡넝쿨이 유난히 눈에 들어왔습니다. 아카시아 나무 한 그루를 아예 덮어버리고 기기승승 줄기를 펴고 나가는 모습. 머지않아 이 아카시아 나무는 고사가 될 듯합니다.

알기로는 많은 산마다 칡넝쿨에 잠식되어 고사되는 나무가 적지 않다고 들었습니다. 생존 본능의 문제라 하지만, 상대를 희생시키며 자기만 살아야 한다는 생태본능에 어떤 무서움을 느끼게 되는군요.

키 큰 나무를 타고 예쁘게 올라가 잎들이 무성한 모습을 보고 아름답다고 생각했던 일이 허무합니다.

외국에서 들어온 식물들도 극성스럽게 번지고 있나 봅니다. 관심 있게 보니 우리나라 질경이가 있는 땅에 가을에 피는 과꽃 나무와 생김새가 너무 닮은 낯설은 풀이 질경이와 달개비의 번식을 막고 마구 억세게 번식하고 있는 것이 보입니다. 외래종 돼지풀이라는 풀도 그 기세가 대단하답니다.

시대적 생태변화라 하지만, 어쩐지 무서운 생각이 듭니다.

귀로에 마음 단단히 먹고 늘 바라만 보며 당신 이름을 부르던 2단지 공원 벤치에 갔습니다.

94년도 당신과 함께 유럽 여행 당시, 어느 나라엔가 가로수로 심은 우리나라 아카시아와 꼭 닮은 나무가 있었죠. 그 나무가 당신과 내가 앉던 벤치 옆에 있었는데, 흰 꽃이 다 떨어져 벤치에도 땅에도 융단을 깔아놓은 듯 아름다웠습니다. 아직 꿀이 남아있는지 바닥에 떨어진 꽃들에게 많은 벌들이 꿀을 찾는 듯 윙윙거렸습니다.

이 아름다운 광경을 바라보니 문득 당신의 말이 들리는 듯했습니다.

"내가 당신을 50년 동안 길동무하여 주었으니, 이제 나를 배웅하고 인생 종착지는 당신 혼자 가야 돼. 겁내지 말고, 할 수 있지?"

그렇게 말하고 당신은 하늘로 가신 듯했습니다.

아! 지금 아무 말도 아무 생각도 할 수 없습니다.

건너편에 내가 당신께 무릎베개 해주던 평상. 이른 시간이라 아무도 없는 그곳을 바라보니 참았던 눈물이….

이러다가 내 울음이 터지면 걷잡을 수 없을 것 같아 마음을 진정하고 일어서는데, 며칠 전부터 울기 시작한 매미가 내 대신 울어주는 듯 대단한 소리로 울기 시작했습니다.

얼마 안 있으면 중복. 어제 36도로 폭염주의보.

지금 푹푹 찌는 여름의 중심에 와 있습니다.

환!

하늘에서 땅에서 우리 이 아름다운 여름날을 함께 합니다.

오늘은 폴 모리아 악단의 맑은 연주 '여름날의 소야곡'을 보내 드립니다.

천상으로 보내는 음악 편지 123

지구 온난화로 한반도의 여름은 지금 펄펄 끓는 가마솥 폭염으로 전국이 열병을 알고 있습니다. 밖의 외출도 할 수 없을 정도로 숨이 막혀옵니다.

최근 우리나라뿐만 아니라 유럽 일본 등에서도 폭염이 발생해 큰 피해를 주고 있답니다. 많은 화석연료 사용으로 이산화탄소가 배출되면서 지구 기온을 상승시키는 지구 온난화도 기후 변화 중의 하나라고 합니다.

최근 겨울 하면 한파, 봄 하면 미세먼지, 여름 하면 폭염으로 몸살을 앓아야 하니 어쩌면 자업자득이 아닐는지요. 인간의 생활 편하자고 뭐 개발이다, 연구다, 땅속 깊이 파헤쳤고, 핵 개발 실험도 하고 있으니 지구를 훼손하고도 더더욱 파손을 거듭한 지구가 온전할 리 만무할 겁니다. 우리나라만 해도 온대 지방은 간데없고, 사철이 분명한 이 강산은 옛말이 되어가고, 사과 생산은 줄어들고 아열대 작물인 망고를 국내에서도 재배할 수 있다고 신문에서 보았습니다.

바닷물의 수온 변화로 인해 오징어는 줄어들고 삼치가 늘어난다고 하는군요.

미국은 폭염과 토네이도로 큰 피해를 입고, 북유럽은 산불, 일본은 폭우와 폭염으로, 중국은 태풍과 폭염으로 큰 피해를 입고 있다고 합니다.

산업혁명으로 산업사회로 접어들고 인간의 활동 범위가 하늘, 땅, 바다로 확대되면서 자동차, 기계, 화학제품을 가지고 다양한 경제 활동을 하는데, 석탄, 석유, 가스 등 이러한 화석연료는 연소 시 이산화탄소를 배출시킨다고 합니다. 이것이 대기 중에 지나치게 많아지면 막을 형성하여 지구 기온을 상승시켜 지구 온난화가 된다고 하니 이런 사실을 신문에서 보고 답답하기 그지없습니다.

온실가스를 가장 많이 배출하는 나라는 중국과 미국이라고 합니다. 중국은 자동차 보유 대수가 10년 전 2천만 대에서 지금은 3억 대가 넘었다고 합니다. 이 자동차들이 내뿜는 이산화탄소를 생각하면 에너지 사용이 얼마나 급등했는지 알 수 있으며, 지구의 온난화는 당연하다고 볼 수밖에 없습니다.

지구에게 우를 범할수록 우리에게 오는 재앙을 생각하면 앞이 막막합니다.

환!

오늘은 '그리운 금강산'을 보내 드립니다.

천상으로 보내는 음악 편지 124

어제 38도, 오늘은 39.6도입니다. 이 더위에도 그제는 M 자매를 김포공항 국내선 로비에서 만났습니다.

나하고 동갑인 M은 겉보기엔 눈에 띄지 않으나, 한번 병을 앓고 난 후부터는 한편이 불편한 몸인데도 동생과 함께 나와서 반가운 해후를 했습니다.

우리들의 친교가 근 40년 가까운 사이입니다. 당신 하늘나라 가실 때에 추위에도 상관 않고 불편한 몸으로 동생과 함께 와서 위로해주고, 같이 슬퍼해 준 생각을 하면 날이 갈수록 더 고마운 생각이 들어요.

가장 힘들 때 옆에 있어 주는 친구가 정말 참 친구가 아닐는지요. 당시에 나는 당신을 잃고 머릿속이 하얗게 바래 슬픈지도 모르고 아무 생각도 하지 못하며 그냥 시간 속에 있을 뿐이었지요.

동기간들은 말할 것도 없고 기윤이 친구 자모 J 여사, 내 어린 친구들이랑 가까운 동생들, 당신 동기간들과 친지들 그리고 가까운 친구분들.

여러 모든 분들의 고마움에 가슴이 뻐근합니다. 이제 그나마 조금씩 정신을 차려가며 고마움을 생각합니다.

우리들은 점심을 하며 이제 우리 나이가 팔십을 바라보는데 아무리 100세 시대라 하지만, 앞으로 몇 번이나 더 만날 수 있을까 서글픈 얘기도 하면서 시간을 아까워했습니다.

가을에 서늘해지면 또 만나자고 하며 아쉬운 작별을 했지요.

다음 만날 때까지 건강 지키자며 손을 흔드는 그 자매의 모습에 마음 푸근했습니다.

우리들은 무슨 인연이며 전생에 누구였을까요?

환!

당신을 더욱 새롭게 생각하며 오늘은 라벨의 '볼레로'를 보내 드립니다.

천상으로 보내는 음악 편지 125

기억으로 남은 옛터

이제 도시의 밤하늘은
심한 스모그로 가리워져
더 이상
별을 안고 푸른빛을 내어주며
신비의 꿈을 꾸게 하는 하늘은 아니다

사라져 잊혀진다는 것은
마음 아픈 아쉬움이겠지만
그래도 한 가지 위안은 있다
눈만 감으면 아직도 또렷이
별이 가득한 밤하늘이
기억으로 남아있기 때문이다

한낮에
뜨거운 햇볕에 달궈진
채석장의 돌 위에 걸터앉아
밤하늘의 별을 같이 보며
미래를 계획하던 그와의 옛터
가슴에 추억으로 찬연히 남아있다

그렇습니다. 이제 도시의 밤하늘은 심한 스모그가 가리워져 별이 잘 보이지 않은 지 무척 오래되었지요. 당신도 그런 밤하늘이 답답하고 안타깝다고 했어요.

우리 젊은 날엔 잘 살지는 못했어도, 밤하늘엔 별이 가득해 아름다운 밤을 보냈는데….

결혼 전 이십 대 초반 시절, 이른 저녁을 먹고 동생과 동네 동생들을 데리고 뒷산 아래에 있는 넓은 채석장에 가서 여름밤을 보내던 일이 그립습니다. 그 당시 채석장엔 어떤 건물에 쓸 건지 돌계단을 만들기 위해 어른의 큰 키보다 더 긴 돌들을 쪼아 재단해 여기저기 십여 개가 넘게 놓여 있었지요.

우리들은 각자 하나씩 맡아 낮에 햇볕에 달궈진 따뜻한 돌 위에 누워 하늘에 총총히 박혀있는 카시오페이아, 북두칠성, 오리온, 삼태성 등 이름 있는 성좌와 함께 있는 수많은 별들을 보며 별 하나, 나 하나, 별 둘, 나 둘 이렇게 합창으로 헤이며 각자 자기 별을 맡으라고 말하며 나도 동심으로 돌아갔었지요.

지금은 여간해서는 볼 수도 없는 개똥벌레가 푸른빛으로 밤공기 속에 날아다니며 수를 놓고, 우리들은 "산딸기 있는 곳엔 뱀이 있다고 오빠는 그랬지만 나는 안 속아~~" 이런 동요도 부르고 또 동생들에게 재미있는 동화도 들려주던 밤. 아름다운 그 여름밤들을 잊을 수 없고 또한 삼척에 근무하던 당신이 오랜만에 휴가받아 서울에 오면 배웅하는 길엔 채석장에 가서 돌에 걸터앉아 하늘의 별들을 바라보며 이야기꽃을 피던 그 밤들….

이제 다 사라졌습니다. 하늘의 별도, 그 채석장도 이제는 아파트 건물로 꽉 차 있고 당신 또한 내 곁에서 사라지셨고….

모든 현상, 인연이 다 하면 사라진다는 진리. 그래도 눈 감으면 아직은 기억이 좋아 그때 추억의 옛터가 고스란히 다 살아납니다.

환!

오늘은 가곡 '수선화'를 보내 드립니다.

천상으로 보내는 음악 편지 126

바보스럽게도 이 나이에 회의적으로 삶을 반문해 봅니다.

아이들 기르며 바쁘게 살았던 젊은 날엔 삶의 정의는 열심히 살며 성실하게 부지런히 살림 잘하며 가정을 이루는 것이라고 생각했는데, 이제 당신이 안 계신 지금은 모든 것이 회의적이 되고 말았군요.

외출했던 당신 돌아오실 기다림을 잃고, 나 또한 외출 시 당신의 기다림을 받는 것도 잃은 지금에 무엇인들 관심이 있고 희망이 있겠습니까.

젊은 날을 되돌아보며 위안이나 삼아볼까요.

이 더위에.

언젠가 우리는 한 가지 협약을 했지요.

당신의 퇴근 귀가가 번번이 많이 늦는 사실 때문이지요.

밤 11시 이후 퇴근 시에는 1분만 늦어도 1시간으로 쳐서 시간당 1만 원의 벌금. 그러니까 12시. 새벽 1시까지면 3만 원의 벌금. 더 많이 늦을수록 벌금액을 올라가고.

아예 현관을 들어설 때 벌금을 내야 내실에 들어올 수 있는 약속.

우리는 이 규칙을 수십 년 넘게 지키며 행복으로 여여하게 지냈지요. 그 벌금으로 생활에 필요한 것을 사 요긴하게 썼으며, 어쩌다 당신 지갑이 가볍게 느껴질 때 서슴없이 보너스로 당신께 드렸지요. 참 재미있는 약속 규칙으로 살았던 일입니다.

어느 날, 술이 거나하게 취한 당신이 11시가 넘지도 않았는데 현관에 들어서자마자 "어, 당신한테 오늘 보너스 줘야지. 오늘 하루도 아이들이랑 집안 돌보며 얼마나 고생을 했어. 마님! 약소하지만 받으소서."

당신은 지갑에서 손에 집히는 대로 대여섯 장 배춧잎을(1만 원권) 집어 눈 감고 얼굴을 숙인 채 익살스러운 모습으로 내게 보너스를 건넸지요.

"어머, 이게 무슨 횡재!"

나는 당신을 살짝 포옹해주며 "사랑해" 하고 행복해하던 일. 그러면서 속으로 생각했어요.

"나도 돈 보고 좋아하는 것 보니 어쩔 수 없는 속물 아냐" 하고 반문하며 고소를 금치 못했지요.

그 옛날을 다시 한번 갖고 싶어요, 당신!

환!

오늘은 송창식의 '맨 처음 고백'을 보내 드립니다.

천상으로 보내는 음악 편지 127

거세게 번지며 타오르는 들불 같은 그리움이 나를 태우고 이 밤도 태우는군요. 차라리 모든 아름다운 기억이 들불로 다 태워버려졌으면 좋겠습니다. 그리하면 그리움의 기억으로 괴롭진 않겠지요.

벌써 입추, 말복, 처서까지 지나 백중제를 지내게 되었습니다.

우리가 이 아파트로 이사 온 것이 벌써 15년, 2003년 3월에 왔으니까요.

이 얘기는 아마도 그해 백중날로 기억합니다.

아침 일찍 절에 가 백중제를 지내고 방생까지 하고

몇 번의 버스를 갈아타고 집에 오니 저녁때. 건강치 못한 나의 상태는 파김치 같았지요. 당신과 함께 일찍 저녁을 들고 쉬면서 잠을 청해도 너무 피곤해서인지 새벽 1시가 넘도록 잠을 못 자다가, 한 5분간이나 될까 깜박 첫잠이 들었는데 당신이 내 자는 안방 문을 덜컥 큰소리 내며 열었어요.

여느 때 같으면 내가 혹여 잠 깰까 봐 볼 일 있으면 아주 살며시 장롱문을 열고 닫으며 조용히 나갔었는데, 그날따라 자고 있으면 깨어라 하는 식으로 벌컥 여는 문.

나는 깜짝 놀라 "뭐예요." 하고 선잠이 깬 두통을 느끼며 물었는데 기다렸다는 듯이

"응, 당신에게 달을 주겠어."

하며 베란다 밖을 향한 영창문을 활짝 열어젖히는 것이 아닌가요.

9월 초지만 새벽바람은 무척 싸늘했지요.

"아이 추워. 이이가 미쳤나 봐."

짜증스런 내 말이 끝나기도 전에 열려진 창으로 보이는 십오야 둥근 달.

구름 한 점 없는 맑은 창공에 떠 있는 보름달이 너무 아름다웠지요. 아- 하고 감탄하는데 당신은

"저 달 당신 줄게. 혼자 보기 너무 아까워서 실례를 무릅쓰고 깨웠어. 당신 달을 너무 좋아하잖아. 혼자 감상해."

하고 방문을 닫고 당신은 나갔지요.

달을 보니 두통이고 뭐고 싹 날아가 버렸지요.

아마 당신이 슬며시 문을 열고 들어와 당신 일어나 봐. 달이 아주 밝아하고 평범하게 말했다면 나는 틀림없이 화를 냈을 거예요. 첫잠을 깬 두통 때문에 달은 무슨 달…. 하면서.

하지만 "당신에게 달을 주겠어." 하는 그 멋진 말이 나를 감동케 한 것이지요.

미국의 우주인 닐 암스트롱이 달에게 발자국을 남겨 신비로운 달을 사랑하는 내 마음의 순결에 신비를 좀 잃긴 했지만, 그래도 역시 저 아름다운 모습. 내 생일이 추석날이라 달을 보며 태어나서인지. 나는 유난히 달을 좋아했지요. 당신도 아시다시피.

나는 달의 감상에 빠졌지요. 옛날 호동 왕자와 낙랑 공주도 그리고 이 도령과 춘향이도 저 달을 바라보며 사랑을 했고, 우리 또한 저 달 속에 많은 밀어를 남겼으니까요.

이런저런 생각을 하다 보니 벌써 창문에 막혀 달이 보이지 않아 다시 거실로 나갔습니다. 마지막 지는 달을 더 보고자 베개를 들고 거실로 나오니 당신은 이미 베개와 차렵이불을 창가에 깔고 나를 기다리는 것이 아닙니까.

"어머…."

말문이 막힌 나에게

"내 이럴 줄 알고 준비하고 기다렸지."

아! 감동.

"이런 분위기에 당신 시 한 번 읊는 게 어때. 소월의 진달래꽃이라던가 뭐 예전엔 미처 몰랐어요. 라던가…."

"그야 어렵지 않지요."

나는 당신의 손을 잡고 조용한 분위기 속에

예전엔 미처 몰랐어요

봄가을 없이 밤마다 돋는 달도
예전엔 미처 몰랐어요

이렇게 사무치게 그리울 줄도
예전엔 미처 몰랐어요

달이 암만 밝아도 쳐다볼 줄을
예전엔 미처 몰랐어요

이제금 저 달이 설음인 줄을
예전엔 미처 몰랐어요

그리고 연달아 「진달래꽃」, 「산유화」, 김영랑의 「모란이 피기까지는」, 노천명의 「이름 없는 여인이 되어」를 한 음절 빠지지 않고 다 조용히 읊었습니다.

당신은 감동으로 벌린 입을 다물지 못하고.

"정말 당신 너무 멋지다. 어떻게 한 구절도 빠지지 않고 다 외워. 놀라워 새삼스러워 당신이. 원래 똑똑한 줄은 알지만, 아무래도 나장가 잘 든 것 같애."

"아니 이 사실을 이제 터득했다구요. 섭해라, 말도 안 돼."

우리는 서로 어깨를 치며 파안대소를 했습니다.

사실 시를 더 외우고 싶었지만, 다른 시는 한 음절쯤은 빼먹을 것 같아 자신 없어 오늘은 여기까지…. 했지요.

아파트로 이사 와서 새벽달을 바라보며 또 보내기는 처음이고, 너무 맑은 하늘의 달은 환상적으로 아름다웠고, 당신의 멋과 배려 또한 최상급이었습니다.

시는 신앙이라고 에머슨은 말했고, 괴테는 실로 단 하룻밤만이라도 눈물로 지새운 경험이 있는 사람이 아니고는 시의 세계를 도저히 이해했다고 볼 수 없다고 말했고, 비니는 시란 결정(結晶) 된 정열이라고 했습니다. 우리는 시로 가슴을 열고 주고받는 부부였기에 아마

세상에서 가장 행복한 부부였던 것 같습니다. 4시가 가까우니 달이 아주 기울었지요.

"우리 이제 눈 좀 붙일까. 내일, 아니 이따가 출근할 때 아침 간단히 먹으면 되니까 당신 푹 자. 오케이?"

나의 심한 비염 증세로 산발적으로 기침하는 내가 치료로 완쾌될 때까지 각방 쓰자는 내 제의로 실행하는 우리는 간단한 포옹 인사를 하고 각자의 방으로 취침하러 갔지요.

환!

행복했던 일이 15년이 되었고 지금 바로 이 거실에서 그때 우리들의 시를 꽃피던 추억을 그리며 오늘은 음악 대신 노천명의 「**이름 없는 여인 되어**」를 읽어드리며 더욱 마음에 드는 구절을 소리 높여 읽겠습니다.

……

놋양푼의 수수엿을 녹여 먹으며
내 좋은 사람과 밤이 늦도록
여우 나오는 산골 얘기를 하면
삽살개는 달을 짖고
나는 여왕보다 더 행복하겠소

사랑하는 환!

나는 그때 사실 여왕보다 더 행복했습니다.

천상으로 보내는 음악 편지 128

이번 여름 더위는 사상 최대의 더위인 듯 일부 지방은 40도가 넘는 가마솥더위였습니다. 그래도 태풍 '솔릭'이 왔다 가서인가 더위가 한풀 꺾인 듯 아침엔 제법 선들바람이 불고 22도의 아침 온도로 정신이 듭니다.

어제 수국사에서 백중제를 잘 지냈습니다. 이번 제에는 반야심경 사경을 당신 위해 정성껏 하고, 한지로 옷도 접어 법당에 놓아 드렸습니다. 법당에서 마음으로 당신을 만나서인지 기분이 한결 가벼웠습니다. 그래서인지 오늘 아침은 가뿐해진 몸으로 산책길에 나섰습니다.

나만 느끼는 것일까요. 며칠 사이에 나뭇잎이나 풀들이 성장이 멈춘 듯 약간 노르스름한 빛을 띠우고 익는 모습인 것 같았어요. 아카시아와 벚나무 잎이랑 그 외의 잎들이 떨어져 마르는 냄새. 이 향기는 꽃향기와 달리 그윽한 깊은 정취를 느끼게 하는군요. 어쩌면 인생의 깊은 황혼으로 접어든 품위 있는 어른의 깊은 사색의 냄새와도 비교할 수 있는 그런 향내가 산야에 가득합니다.

생을 여미고 가신 당신에 대한 추억의 향기와 같은 내음을 맡으며 길가로 나오는데, 참 아름다운 부부를 보았습니다. 한 사십 대 후반쯤 됐을까 하는 중년 부부가 아카시아 작은 가지 한 줄기씩 들고 가위바위보를 하며, 이기는 사람이 잎 하나를 따버리고, 먼저 잎을 다

따버리는 사람이 이기는 게임을 하며 걷는 모습이 참 보기 좋았습니다. 나를 보고 상그레 웃는 여자에게

"보기 좋습니다."

하니까 지는 사람이 이기는 사람에게 집에 가서 20분 동안 안마해주기로 하는 게임이라고 했습니다. 이들을 보니 우리의 젊은 날을 보는 듯했습니다.

우리는 그때 이기는 사람이 지는 사람 이마에 꿀밤을 먹여주는 게임이었는데, 이들 부부는 퍽 실리적인 게임이 아닌가 싶습니다.

더도 덜도 말고 지금 그 마음으로 오래오래 사랑하며 살기를 마음속으로 빌어봅니다. 동심의 마음으로 낭만을 펼치는 그들 부부의 모습에 마음이 훈훈해졌습니다.

기상청 일기 예보로 한반도에 또 하나의 태풍이 오고 있다더니 하늘엔 흰 구름, 회색 구름이 섞여 수런수런 모여들고 있습니다.

환!

오늘은 '해뜨는 집'을 보내 드립니다.

천상으로 보내는 음악 편지 129

며칠 내린 국지성 폭우로 산야에 자리 잡은 호젓한 공원은 무척 어지러웠고, 길이 패이고 흙과 낙엽들이 작은 돌들과 함께 뭉쳐 내려 운동기구 바닥에도 여기저기 너부러져 쌓여있고, 작은 시내도 생겨 맑은 물이 흐르고 있습니다.

오랜만에 냇물에 손도 담가 보았습니다.

주말이 아니면 별로 인적이 드문 공원인데, 오늘은 토요일이라서 그런지 몇몇 사람들이 운동을 하고 있습니다.

산책을 마치고 2단지 공원에 당신과 늘 같이 앉았던 벤치에 왔습니다. 벤치 옆에 있는 낙상홍나무에 어느새 열매가 빨갛게 익고 있습니다.

그 참기 어려웠던 더위가 정말 갔나 봅니다.

가을이군요. 하늘을 바라보니 짙은 터키색 푸른 하늘에 그림처럼 흰 구름 한 송이 떠 있습니다.

정말 아름다운 하늘이군요.

하늘에 대고 묻습니다. 당신은 지금 하늘 어디쯤 계시냐고. 혹시 혼자 앉아있는 나를 보지는 않느냐고….

역시 대답 없는 그리움. 시효 없는 그리움입니다.

환!

오늘은 김수경 시, 나운영 작곡 '아, 가을인가'를 메조소프라노 백남옥의 노래로 보내 드립니다.

천상으로 보내는 음악 편지 130

추석을 몇 날 앞둔 요즈음은 정말 가을이 온 듯 아침저녁은 제법 쌀쌀합니다. 산야에 자리한 한적한 공원은 가을 분위기가 서서히 오는 듯합니다.

초여름에 한창 만발했던 망초꽃 자리에 이제는 귀여운 노루귀처럼 남빛 두 잎의 노란 꽃술의 예쁜 달개비가 무리를 이루며 웃고 있습니다. 옆엔 분홍빛 여귀꽃도 한 무리가 피어있군요. 이 풀꽃들을 보며 살아있는 기쁨을 느껴봅니다.

어느 보석, 어느 재물도 이 자연의 아름다움에는 비길 바가 아닙니다. 서로 존재한 생명을 느끼며 마음속으로 말해봅니다. 내가 너희들을 보고 이렇게 행복한데 너희들도 나를 보며 행복하냐고.

푸른 강아지풀도 성장을 멈추고 강아지 꼬리 같은 꽃에 씨앗을 여물리고 있는지 노란색으로 변하고 있어요.

이렇게 가을 느끼며 언덕을 넘어 벚나무들이 많이 있는 편편한 곳으로 내려오고 있는데, 여든은 조금 넘을 것 같은 할머니가 스마트폰으로 빠른 템포의 음악을 틀어놓고 거의 춤이다 싶은 스트레칭을 하며 콧노래를 부르는 것이 아닙니까. 그 할머니의 모습에 놀랐습니다. 백세 시대에 앞으로 더 늙음의 세월을 위해 건강을 챙기는 듯했습니다. 현명한 일이지요.

요즈음 우스개의 말이 있어요. 재수 없으면 100살 산다고.

왜 아니겠습니까. 노후대책, 경제적으로 준비된 사람은 몰라도 대책 없이 오래만 산다면 병들었을 때 아픈 몸을 치료 못 하면서 목숨을 연명하는 괴로움은 생각만 해도 끔찍한 일이 아닙니까. 자식들이 있다 해도, 제 살기도 모자라는 지경을 생각해 보면 정말 스스로 목숨을 끊을 수도 없는 상황은 오래 산다는 것이 결코 축복이 아니라 형벌이 아닐까 생각합니다.

그런 생각을 할 적마다 당신에게 너무 감사를 드립니다.

유족 연금을 타고 편안한 집과 내게 남겨주신 모든 배려를.

자식들에게 부담 주지 않고 마음 편히 살다가 당신 만나러 갈 수 있는 현실을 생각하면 당신에게 감사하는 마음이 너무 큽니다.

마지막 길까지 나를 생각해 주신 당신의 마음….

깊이 사무칩니다.

환!

오늘은 바흐의 '브란덴 부르크'를 보내 드립니다.

천상으로 보내는 음악 편지 131

마구 쏟아지는 비가 아니기에 우산을 쓰고 산책길에 나서봅니다.

촉촉이 내리는 빗속에 초가을 냄새가 납니다. 몇 번이나 영화 촬영을 해갔다는 우리 5단지 공원의 초입은 서너 줄로 자연스런 배치의 나무와 함께 나무 밑 이곳저곳에 자리한 벤치가 어우러지고, 넓은 길 옆엔 야트막하게 쌓은 석축 사이마다 심어진 철쭉과 영산홍, 회양목 등으로 꾸려진 공원길.

늦가을이면 빨갛고 노랗게 물든 가을 잎 떨어진 것을 경비 아저씨들이 쓸어버리지 않고, 나무들 가운데 길 사이로 수북이 모아 낙엽 숲을 이루게 하여 가을의 정취를 만끽하게 해주기도 하는 곳이지요.

지금은 아직 물들지 않은 푸른 잎들이 비에 젖어 새파랗게 진해져서 싱싱해 보이고 나무줄기들은 검은 갈색을 띠어 선명하게 보입니다.

초등학교 뒷문으로 이어지는 이 길. 아직 시간이 일러 등교하는 아이들이 별로 없어 한가한데 아주 작은, 한 1학년이나 될까 하는 꼬마 남자아이가 맑은 하얀 비닐우산을 받고, 앙증스러운 감색 장화를 신고 타박타박 걸으며 무엇이 그리 즐거운지 콧노래를 하며 가고 있군요. 하도 귀여워 나도 어린 걸음을 걸으며 천천히 뒤좇아 걸어봅니다. 계속 콧노래를 하며 걷는 꼬마의 행복을 나도 같이 누리며 생각해 봅니다.

이 어린 감정의 행복이 저 아이의 앞으로 전개되는 수많은 시간에 얼마나 이어질까. 청년으로, 중년으로, 장년, 노년으로의 삶에….

어린 꼬마 학생은 학교로 들어가고 나는 우산 위에 떨어지는 빗소리를 들으며 젖은 사색을 해봅니다. 삶의 무상함을 느끼게 하는 물든 가을 잎들이 이제 앞으로 얼마 안 있어 펼쳐지겠지요. 많은 회한과 아쉬움, 그리움을 다 앓으며 당신을 더욱더 생각하게 될 것입니다.

어린 꼬마의 콧노래 행복이 그의 삶에 많은 부분이 되기를 잠시 빌어봅니다. 잠깐 사이에 많은 학생들이 갖가지 우산들을 쓰고 조잘거리며 등교하는군요.

저 티 없는 어린 학생들의 앞날이 밝을 수 있도록 미래 지향적인 정책과 배려가 존립되기 위해 기성세대의 책임이 막중하다는 것을 새삼 생각해 봅니다.

환!

오늘은 '쉘브르의 우산'을 보내 드립니다.

천상으로 보내는 음악 편지 132

나이가 많아지면 잠이 줄어든다고 합니다.

그래서인지 오래전부터 새벽에 잠이 깨면 아침까지 그냥 내내 밝히는 일이 점점 많아지고 있습니다.

아이들 키우느라 할 일 많고, 바빠 잠이 모자랐던 고단한 젊은 날.

이제 바쁜 일도 별로 없어 마음 놓고 잠을 자도 괜찮은데 막상 한가한 시간을 받아놓으니 잠은 오히려 멀리 떠나고 마는군요.

생각하면 몸이 고단하지 않아, 잠이 오지 않는 것이 당연하다 생각이 듭니다.

아주 늦은 시간이라도 당신 귀가할 때까지 불 밝히고 기다리는 나는 그 언젠가 우리 애들이 어렸던 어느 날이 생각나는군요.

그날도 오는 잠을 쫓느라 뜨개질을 하며 당신 귀가를 기다리고 있었는데, 대문 밖에서 새벽을 가르는 클랙슨 소리 빵빵.

두 번 울리면 혼자가 아니라는 나에게 전하는 예고.

(그 당시는 갈현동 개인 주택) 나는 깜짝 놀라 시계를 보니 새벽 2시가 가까운 1시 50분.

'이이가 제정신인가 이 시간에….'하고 중얼거리기도 전에 띵똥 하고 대문 비디오폰 벨이 울리며 화면에 나타난 당신의 얼굴.

술이 거나하게 취한 당신이 손님 서너 분과 함께 들어오니 마음속의 화를 누르고 상냥히 맞는 것이 우선.

"실례합니다. 이 시간에…. 3차는 집에서 조용히 마무리하자고 한 사코 김 형이 권해 죄송함 무릅쓰고 왔습니다."

동창이나 막역한 친구 같으면 그래도 편한데 사회적 지위가 예사롭지 않게 풍기는 적이 부담스러운 모습에 더욱 당황했었지요.

"괜찮습니다. 잘 오셨어요."

세상에서 가장 상냥한 얼굴로 맞아야 했던 상황.

간단한 술상을 차려달라고 나를 주방으로 유인한 당신을 보고

"당신 지금 제정신이에요? 이 새벽에…. 오늘 나한테 죽었어요."

작은 소리로 협박하는 나에게 당신은

"음…. 알았어. 내 이따가 죽어줄 테니까 지금 좀 수고해줘. 미안. 당신 최고…."

눈을 찔끔 감고 내 등을 토닥토닥 두드려주는 밉지 않은 당신의 아부에 화가 녹을 수밖에.

양주와 마른안주의 간단한 상차림으로 1시간 정도 정담을 나누다가 일어서는 그분들을 당신은 대문 밖까지 나가 배웅하고 들어오며

"수고 많았어 당신. 그리고 멋있었어."

하고 재빨리 목욕탕으로 가 세수를 씻는 둥 마는 둥 대충 씻고

안방으로 들어가 잠옷을 입으며 하는 말.

"저기 말야. 아까 약속대로 죽어주고 싶은데 당신이 너무 슬플 것 같아서 안 되겠어…. 아이 졸려."

하고 이불 속으로 들어가 눈을 딱 감고 요지부동.

내게서 무슨 말이 나올까. 아무 소리도 안 듣겠다는 선수 치는 작전.

밉살스러운 재빠른 행동에 대책 없이 당한 나는 그냥 어이없이 바라보는데, 조금 뒤 코까지 골며 단잠에 빠지는 당신을 보고 이런 생각을 해봤어요.

얼마나 나를 너그럽다고 믿으면 이런 실례를 할까 하고요. 3살 아래인 아내에게 가끔씩 어머니의 관용을 기대하는 당신.

그러나 당신은 늘 건강치 못한 나에게 부모처럼 오빠처럼 살뜰히 감싸주는 사랑에 나도 그 마음에 깊은 성심으로 당신을 섬기며 살고 싶었지요.

잃은 잠이 오지 않아 그냥 아침까지 밝히며 해장국을 준비하던 일.

그립군요, 그때가.

당신은 센스 빠르고 위트가 있는 멋진 남편이었습니다.

잠 안 오는 이 새벽에 젊은 날 그때의 당신을 추억해 봅니다.

환!

오늘은 차이콥스키의 '멜로디'를 보내 드립니다.

천상으로 보내는 음악 편지 133

가을의 숲 2

가을을 만나러
성주산 휴양림에 들어서니
길가에 쭉 피어있는
흰 구절초가 우릴 반기네

옛날 젊은 시절에는
야산에 지천으로 피었던 구절초

옛날을 떠올리며 화사한 꽃을 바라보니
어느새 나이가 벗어지고
달빛 속에서 사랑을 찾아내던
젊은 날이 꿈처럼 떠오르네

도토리가 여기저기 떨어지고
가을 버섯이 솟아나는
피톤치드가 가득한 숲에서
우리 자매들은 크게 소리 내며
합창으로 웃으며 밤을 잊은 채
정담으로 시간 가는 줄을 몰랐네

회자정리!
며칠간을 꿈같이 보내고
숲과 아쉬운 작별

가을이 가득한 가슴 한편에
아담한 봄 밭을 마련하고
작은 꽃씨 하나 심어야겠습니다

얼마 전에 동생들이랑 보령 성주산 휴양림에서 며칠 쉬고 왔습니다.

이제는 동생들이랑 여행하는 것도 어려울 것 같습니다. 이번 여행에는 처음으로 동생들에게 내 건강 문제로 걱정을 하게 했습니다. 기력이 다해 걷지도 잘 못 하고, 입맛도 없고, 왼팔도 아파 모든 것이 여의치 않았습니다. 그래도 이 가을에 기분만은 예전 같아 동생들이랑 감정의 교감을 즐겁게 했습니다.

당신 생각을 속으로 감추면서 애써 가을에 심취했습니다.

우리들 형제자매에 대해서 생각해 봅니다.

불교의 삼세인과경에 의하면 부부가 되어 살게 된 인연은 팔천 겁에 인연이 쌓여 된 것이고, 형제가 된 인연은 구천 겁이 쌓여 된 인연이라 했습니다. 피를 나눈 형제이기에 부부보다 일천 겁이 더 많은 인연이라 했습니다. 그런 생각을 하니 우리 형제들의 인연이 대단한 인연이라는 생각이 듭니다. 만나지 않아도 늘 만나있는 것 같은 동기

애를 느끼니 말입니다.

성주산 휴양림에서 가을을 만끽하고 또 헤어졌습니다. 동생들이 나의 건강 걱정을 많이 했습니다. 아마 이제 내 나이가 그럴 나이인가 봅니다. 몇 번이나 또 만나게 될지 서글픈 생각이 드는군요.

환!
당신과의 부부 인연이 팔천 겁이 쌓인 소중한 인연이라니 그래서 잊기가 더욱 어려운가 봅니다. 오늘은 **'라 쿠카라차'**를 보내 드립니다.

천상으로 보내는 음악 편지 134

이제는 아침저녁으로 제법 추울 정도로 쌀쌀한 공기입니다.

국화가 만발하는 계절이지요.

그 옛날 이맘때 갈현동 집의 정원이 생각납니다. 꽃씨가 어디에서 날아와 떨어졌는지, 화단 이쪽저쪽에 여름내 잘 자란 노란 감국이 만발했었지요. 향기도 대단했고 갈색 가을 나비가 무리 지어 꽃에 앉아 놀았었지요. 이제 생각해 보니 당신은 그때 병의 씨앗이 움트고 있었을 때였나 봅니다. 불면증이 시작되었으니까요.

국화 향은 수면을 유도한다는 누군가에게 들은 얘기가 있어 나는 그 많은 감국을 잘 손질해 부서지지 않게, 약간 소금을 물에 타 국화에 뿌려 장독소래기마다 널어 꾸덕꾸덕 적당하게 말렸어요. 베 헝겊으로 베개 속싸개를 만든 뒤, 그 속에 말린 감국을 차곡차곡 잘 집어넣어 훌륭하게 베개를 만들고, 베갯잇도 베 헝겊으로 해서 성글성글한 틈새로 국화 향기가 잘 나오도록 했었지요.

꽃베개가 완성된 그날 안방은 국화 향기로 가득 차고 당신의 감격한 얼굴이 생각납니다.

이 향기, 이 가을, 당신은 나에게 최고의 찬사를 해주셨어요.

어떻게 이런 아름다운 생각을 해냈냐고.

“아! 행복해. 오늘부터는 잠을 잘 잘 거야. 가을과 당신의 정성, 그리고 국화 향이 이 방에 가득하니까.”

그해 초겨울까지 국화 향은 오래도록 방 안에 남아 있어 우리들은 겨울 속에서도 가을을 느끼며 행복했었지요.

그 행복했던 시절을 지금 회상하며 당신을 그리워합니다.

환!

오늘은 베토벤의 '**바이올린 소나타 5번 1악장**'을 보내 드립니다.

양평의 가을

여름을 건너온 가을이
물감을 풀어 담고 산등성이에 앉아
푸른 물기가 도는 소나무 사이로
나무들에게 채색을 하기 시작
노랑 빨강 갈색 등 고운 색을
연하게 진하게도 풀어가며
골고루 조화를 이루어가게 하네

다 익어간 도토리와 밤송이들도
바람은 나무들을 흔들며 떨구어 내
가을 산은 야생동물들의 먹이가 풍부해지며
넉넉한 품이 된다

도시와는 달리
일찍 저무는 산야는
어둑어둑해지면서
하늘엔 보석 같은 별이
하나둘씩 뜨기 시작해
찬란한 수를 놓는다

야기는 시리도록 맑고
도토리인지 알밤인지
툭툭 떨어지는 소리

모든 걸 다 끌어안고도
무한히 넉넉한 허공
그는 조용히
가을에게 이른다

곧 겨울로 건너가야 하는 너는
산야에 식구들이 아름다운 꿈을 안고
포근히 겨울나기를 할 수 있도록
머무는 동안 마무리 잘해주고 떠나라고

며칠 전 양평에서 하룻밤 자고 왔습니다. 은영이가 제 딸을 위해 2년 계약을 한 집으로 산야에 있는 풍광이 좋은 집이었어요.

자연환경을 접하면서 좋은 감성을 길러주기 위해 전세 계약한 집으로 사람들의 손이 별로 닿지 않은 듯 자연 그대로인 주변은 도토리와 밤이 그대로 많았어요.

오랜만에 깨끗하고 신선한 자연을 바라보며 순수가 무엇인지 생각했습니다.

명숙이네 내외와 은영이네 세 식구 현영이와 마당에서 모닥불을 피워 고기도 구워 먹으며 즐거운 시간을 가졌습니다.

고진감래라는 말이 생각나는군요. 지난날 그 많은 고생을 잘 견디며 살아오더니 이렇게 딸의 효심을 받으며 사는 동생이 대견했습니다.

그리고 어리고 예쁜 딸을 위해 부모 노릇 훌륭하게 하는 은영이 내외의 기특함 또한 좋았습니다. 이렇게 오래도록 좋은 마음으로 살기를 축원해 봅니다.

이런저런 생각을 하다 보니 밤하늘에 한두 개씩 별이 뜨고 있습니다. 아름답고 행복한 밤이군요.

환!
오늘은 드보르작의 '달에게 바치는 노래'를 보냅니다.

천상으로 보내는 음악 편지 136

들길을 걸으며 들 냄새를 맡으면 6 · 25 동란을 겪은 유년 시절의 시골 외가댁에서 지낸 피란 시절이 떠오른다.

나보다 한 살 위인 열두 살 막내 이모와 나보다 한 살 아래인 막내 외삼촌. 우린 촌수를 떠난 삼총사로 어른들과는 정반대로 철없는 즐거운 피란 생활을 하게 되었다.

경기도 용인의 외가댁은 약간 언덕의 외딴집으로 넓게 자리 잡은 집터였다.

집안에는 향나무 등 아담한 나무로 꾸며진 정원도 있고, 문밖 사랑채 앞에도 오래 묵은 매화나무랑 모란 함박 등 갖가지 꽃나무들로 가꿔진 큰 꽃밭도 있고, 대문 앞 넓은 마당은 타작하기가 편해 아랫마을 집들이 타작을 하러 오기도 했다.

뒤뜰 안은 창경궁처럼 넓어 감나무, 밤나무, 살구나무 등이 빽빽이 둘러섰고, 함박꽃나무가 둘러있는 우물은 앉아서 바가지로 뜰 수 있는 야트막한 데다 암물이라 해서 물빛이 약간 뽀얗고 맛이 달고 차가웠으며, 겨울이면 김이 모락모락 나는 따뜻한 물이기도 했다.

넘치는 물이 흘러내려 가도록 도랑을 만들어 뒤뜰 담 밖으로 흘러나가도록 하고, 도랑 주변은 부추와 돗나물, 돗미나리가 심어져 아름다운 울타리가 되어 참으로 예쁜 도랑이었다.

자연석으로 탄탄하고 판판하게 만든 둥근 모양의 장독대는 크고 작은 항아리들이 가지런히 놓여있고, 제일 큰 간장독에는 큰 외할아버지가 밤마다 정한수를 떠 놓아 피란 시기를 잘 보내 달라고 기도하는 곳이었다. 그래서인지 아랫마을은 폭격으로 사람도 죽고 다친 사람도 있었는데 우리 외가댁은 무사하게 지냈다.

담장은 크고 작은 자연석으로 바람 통하게 보기 좋게 나지막하게 쌓았고; 그 위로 넝쿨져 올라가는 푸른 담쟁이와 으름덩굴이 어우러져 정말 아름답기 그지없다.

좁은 서울 집에서 살다가 넓고 아름답기조차 하는 자연환경의 외가댁 시골 생활은 더없이 천국 같았고, 더구나 학교도 안 가고 숙제도 없으니 우리 삼총사는 그 행복감으로 날마다 즐거웠다.

아침에 눈을 뜨기가 무섭게 우리들은 앞산 통매동산에 올라 싱아를 찾아 새콤한 잎을 따먹고, 손톱으로 누르면 연둣빛 좁쌀 같은 작은 알맹이가 쏙 빠져나오는 까치밥이랑 잔디 사이에 섞여 있는 까만 풀 깜부기도 찾아 먹고, 좀 더 먼들로 나가면 풀 위에 삐죽 솟아나는 하얀 솜털 같은 삐리기도 뽑아 소리치며 누가 많이 뽑아먹나 내기도 했다.

피란 생활로 어른들의 근심은 깊어갔고, 우리들의 행복은 철도 없이 커갔다.

우리들은 어른 안 계신 우리들만의 자리에선 서로 이름을 부르며 놀았고, 어느 때인가는 큰 외할머니가 내 뒤에 계신 줄도 모르고 이

모를 골려주려고
"시골뜨기가 까분다."
라고 말했다가
"이런 버릇없는 애를 봤나. 누가 이모 보고 그런 소릴 해. 이모 보고 시골뜨기라고 하면 서울뜨기인 너는 당장 서울로 가서 살아."
큰 외할머니의 호령에 깜짝 놀란 나는 그날 눈물이 쏙 나오도록 혼꾸멍났다.
그 이후로 다시는 그런 버릇은 없었다.

저녁이면 일찍 밥을 먹고 느즈막이 넓은 바깥마당에 커다란 멍석을 깔고 생 쑥과 풀로 모깃불을 피우고 둘러앉아 찐 옥수수를 먹으며, 하늘에 가득한 별을 보다가 잠이 들면 엄마와 할머니들은 베행주치마를 벗어 우리들을 덮어 주셨다.

그해 겨울도 즐겁기는 마찬가지, 논에 나가 엉터리로 만든 썰매도 타고 얼음이 뒤덮인 계곡으로 가서 돌을 들춰내며 가재도 잡고, 황량한 들에 나가 마른 쑥대를 꺾어 와서 사랑방 화롯불에 쑥대를 태우면서 담배 연기 같다고 소리 내어 웃고, 아침이나 저녁밥을 지을 때 아궁이에 불을 때는 어른들 옆에 붙어 앉아 삭정이 나무들을 꺾어 넣으며 불장난도 했다.
화로에 불을 담아놓으면 콩이랑 옥수수 알맹이를 찾아내 불 위에 올려놓고 탁, 하고 부풀어지면 뜨거운 줄도 모르고 손으로 집어 꺼내 먹던 일. 왜 그리 맛이 있었던지.

그렇게 우리들의 피란 생활이 철없던 시골 경험은 어쩌면 일생에서 가장 순수하게 행복했던 날이 아니었던가 생각한다.

환!

제행무상.

모든 현상적인 것은 형상이 있든, 형상이 없든, 마음에 있는 모든 현상은 끊임없이 변하고 바뀌는 것.

사람은 나고 성장하고 병들고 죽으며, 세간 모든 물건도 생기고 머물다가 허물어지며 사람의 생각도 끊임없이 변하는 것

그때 우리 삼총사.

막내 외삼촌은 나이 20세에 병으로 요절했고, 막내 이모도 지금 80세로 치매인 이모부를 모시고 고생하고 있으며, 나 또한 당신을 작년에 여의고.

이렇게 우리는 변하고 있습니다.

환!

오늘은 또 한 번 **'추억'**을 보내 드립니다.

천상으로 보내는 음악 편지 137

어머니를 하늘로 배웅해 드리며.

유난히 고운 단풍이 오래 머문 올가을.

백 세를 목전에 둔 99세의 어머니가 계신 요양원에서 어머니가 위중하시다는 연락.

솜씨 좋으시고 인내심 강하신 어머니. 그 연세에 심한 치매도 없으시고 늘 건강하셨는데. 얼마 전에 뵈올 때도 구운 핫케이크와 얇게 저민 배를 잘 잡수시어 며칠 있다가 다시 한번 더 해드리려고 재료를 준비하고 물렁한 연시도 사놓았는데 위중하시다니.

뇌경색으로 왼편 마비가 되셨다고 했다. 우리가 서둘러 도착했을 때는 약간의 의식마저 희미해져 가시고 이내 수면에 들어가신 어머니. 평소에 자는 잠에 가시겠다고 늘 기도 발언하신 대로 정말 자는 잠에 가시려는 듯.

너무 고령이신 어머니를 병원으로 모시고 가서 이것저것 검사에 시달려 더 위중할 수 있는 사실에 우리는 어머니가 계신 요양원에서 편안히 자연 영면하시길 바라며, 셋째인 김제 동생과 나는 첫 밤을 어머니 곁에서 새우기로 했다.

주무시는 듯한데 가래가 많이 끓어 호흡이 곤란해지시고 입안에서 계속 나오는 가래. 우리는 휴지로 입 안 가래를 계속 후벼내어 휴지통 하나가 거의 차도록 빼내어 드렸다. 그 전후론 호흡은 조금 편안해지셨으나, 어딘가 너무 불편하신 괴로운 모습에 동생과 나는 엄마가 너무 위중한 상태인 듯하여 아무래도 이 밤을 넘기지 못하실 것 같아 꼬박 밤을 새우며 안절부절 했다.

다행히 새벽 다섯 시 경에 배변을 많이 보시고 그 뒤부터는 편안한 수면에 드셨다.

다음날 낮에 목사인 창숙이가 와서 기독교식 간절한 기도도 해드리고, 둘째와 막내로 교대를 하며, 나서는 은숙과 나를 차로 배웅해주며 점심 식사도 사 주었다. 언제나 모든 것을 잘 베푸는 그녀의 넉넉한 배려에 무척 고마웠다.

둘째와 막내가 밤을 새울 때도 어머니는 그냥 편안한 수면에 계셨다고 했다. 내가 다시 다음날 막내와 밤을 새워도 어머니는 별 탈 없이 수면에 드셨고, 다음 밤도 계속 김제 동생과 밤을 새우기로 한 나는 잠시 집에 왔다가 어머니가 조금 상태가 안 좋다는 동생의 연락을 받고 일찍 서둘러 염주와 천수경 책을 갖고 갔다.

김제 동생이 둘째와 막내에게도 급히 오라고 연락을 했다 한다. 먼 길에 온 동생을 좀 쉬게 하고 나는 어머니 손에 염주를 걸어드리고 조용히 경문을 읽어드렸다.

금강경, 천수경, 반야심경, 연지 대사의 극락왕생 발원문도 어머니 이름을 들어가며 정성껏 읽어드리고, 다음 생에는 남편 사랑 많이 받으시며 행복하게 사시라고 조용히 가슴을 쓰다듬어 드렸다.

오후 7시경부터는 어머니의 상태가 급격히 나빠지셨고 늦게 도착한 동생들과 제부들도 든든하게 같이 있었으나, 이내 또 평안한 모습으로 수면에 드셔서 아무래도 오늘 저녁은 괜찮을 것 같아 제부들은 둘째네 집으로 가게하고 우리 네 자매만 어머니를 지켰다.

9시가 지난 이후 경부터 다시 어머니는 숨차하셨고, 아무래도 임종이 가까운 것 같아 동생들에게 한 사람씩 조용히 엄마께 하고 싶은 말을 드리라고 했다.

둘째, 셋째, 막내 차례로 한결같이 엄마 고생하셨다고. 이제 편안히 좋은 곳으로 가셔서 다음 생은 좀 더 좋은 곳에 태어나셔서 행복하게 사시라고…. 사랑해요 엄마.

동생들의 호소를 엄마는 들으셨겠지. 나도 나중에 엄마께 마지막 인사를 드렸다.

엄마에게 존경과 사랑을 말씀해 드렸다. 존경이란 많이 배운 사람에게만 해당되는 것이 아니다. 어머니의 강인한 인내와 모성이 없었다면 어머니에게 너무 성실치 못한 아버지의 처신은 참기 어려운 일이기에 우리들을 이토록 바르게 키워주시고 지켜주신 어머니에게, 나는 마지막 어머니의 길에 존경하고 사랑한다는 말씀을 세 번 반복해 드렸다.

91세에 55세 된 아들을 가슴에 묻으시고, 무참한 아픔을 갖고 살아오신 어머님을 생각하면 너무 가슴 아프고, 80세가 넘은 남편의 병간호로 큰 딸이면서도 어머님을 뫼시지 못한 불효를 용서 빌었다.

우리들의 말을 듣고 이해하셨는지 어머니는 눈물을 흘리시며 임종하셨다.

정말 신기한 일이다. 나흘을 아무것도 모르시게 수면하시더니, 마지막 얼굴에 모든 말을 알아들으시는 감정을 표현하시면서 눈물을 흘리시다니.

어머니 부디 왕생극락하옵소서.

장례식장은 요양원에서 소개해준 개인이 운영하는 아담한 장례식장이었다. 생각보다 괜찮았고, 손님들도 많지도 적지도 않게 왔었고 화환도 서운치 않게 많았다.

나이 든 듬직한 사위들의 손님들도 고마웠고, 친척과 동생들의 친구들 내 친구들 와서 고마웠고, 외손자 손녀들의 듬직한 모습, 외손녀 사위들도 모두 듬직하고 진실한 모습도 마음이 흐뭇했고 고마웠다.

어머니의 후덕으로 장례를 잘 치르고 어머니의 거주지가 막내 집으로 되어 있어 광명시에 있는 조촐한 추모공원에 잘 안치되셨다.

속이 탈이 나 죽 몇 술로 근 일주일간을 연명하며 지낸 나의 기력은 바닥이었으나, 어머니의 마지막 가시는 길이었기에 정신력으로 참아냈다. 모두들 너무 고맙고 수고 많이 한 장례였다.

한 많은 어머니의 1세기가 조용히 옷을 벗으시고 고통 없는 하늘로 가신 날이다.

환!

어머니가 11월 15일 밤 10시 28분에 임종하셨습니다.

결코 당신의 타계를 알리지 않아 어머니는 당신이 생존해 계신 줄 알고 가끔 당신의 안부를 묻곤 했지요.

굳이 연만하신 어머님께 당신의 생사를 알릴 필요가 없기에 늘 잘 있다고 했습니다. 눈물을 머금고.

하늘에서 당신이 어머니를 영접하러 나오면 아마 어머니는 깜짝 놀라실 것입니다. 아니, 자네가 여긴 벌써 왜?…. 하고 말입니다.

만나 뵈셨는지요?

오늘은 프랑크의 '**바이올린 소나타 A장조**'를 보내 드립니다.

천상으로 보내는 음악 편지 138

당신을 잃은 슬픔이 삭여지지 않고 그대로 아픔으로 가슴에 머문 채 오늘 우리 결혼 51주년.

날씨가 그날처럼 대단히 화창하군요. 나는 이렇게 여기 있는데 내 옆에 당신 부재가 아직도 실감 나지 않고 인정하고 싶지 않아요.

요즘 김장철이에요. 언제나 김치를 담그면 나는 당신에게 김치 간을 봐 달라고 하였지요. 당신은 늘 입에 넣자마자 엄지 척을 하며 최고의 맛이라고 하던 당신, 너무 그리워요.

하루 종일 서성이는 마음. 그때 결혼 날 늦은 밤차로 경포대로 향하는 열차에 당신 팔에 안겨 피곤을 묻고 잠을 자던 그 행복. 밤을 새우고 다음 날 아침에 도착.

경포대 호텔 214호에 여장을 풀고 바닷가로 나가 손잡고 백사장을 거닐며 우리만의 시간에 꿈꾸는 듯한 행복. 가지색 양단 치마에 진홍색 양단 저고리를 입은 새댁의 옷. 그때 신혼여행의 옷을 난 아직도 고이 간직하고 있습니다. 오늘은 그 옷을 꺼내어 둘러보고 그때를 추억해 봅니다. 9년에 가까운 교제 끝에 결혼을 하게 된 우리. 인내와 믿음의 사랑은 타의 추종을 불허한다고 생각합니다.

결혼 후 며칠 안 있어 안 일이지만, 난 어머니에게서 아주 놀라운 이야기를 들었지요. 신혼여행 귀로에 나에게 비행기를 태워주려고 무리한 계획을 한 나머지 결혼식 축의금을 몽땅 가지고 신혼여행을 떠난 당신이라고.

그러고 보니 지나가는 말로 "장인숙이 아니면 이 비행기 타는 일

어림없는 일이지.” 하던 당신의 말을 기억합니다.

경포대 호텔에서 하루를 묵고 다음은 당신 근무하던 삼척. 그 하숙집에서 우리를 초대해서 그곳에서 분에 넘친 환대를 받았지요. 나보고 신랑 너무 잘 만났다고. 이 세상에 이렇게 성실한 신랑감은 드물다고. 예쁜 색시가 복이 너무 많아 하고 입에 침이 마르도록 칭찬을 받는 당신의 인간됨에 새삼스레 당신의 근면 착실함에 감동을 받았었지요.

지금도 생각하면 너무 고마우신 분들이었어요.

뒤로, 삼척비행장.

당신이나 나나 처음 타는 비행기 설렘으로 꼭 잡은 두 손.

당신의 지고한 사랑에 새삼 더 감동하고 넉넉지 않은 형편에 어머니는 그 축의금에 대한 기대가 있으셨을 텐데 얼마나 황당하셨겠습니까. 저세상에 계신 어머님께 지금도 죄송한 마음 금치 못합니다.

지금 제 방엔 제구실을 못 하는 가야금이 있습니다.

가야금을 배우고 있는 나에게 결혼 34주년 기념으로 비싼 가야금을 사주셨지요. 머지않은 날 모시한복 곱게 차려입고 가야금 산조를 멋있게 연주해 달라고 하면서.

거실에서 당신은 주안상을 앞에 놓고 정종을 품위 있게 술잔 들고 가야금 연주하는 아름다운 내 모습을 감상하고 싶다고.

아, 그때 가야금을 선물 받던 날 산조 연주는 못 했지만 ‘새야새야’ ‘노들강변’ ‘도라지’ 등 간단한 연주 한 번 해드리고 그만 멈춘 가야금 연주.

당신의 아픔이 시작해서였지요.

병의 시초가 치아 몇 개를 발치하고서 부터였으니까요.

나는 건강이 약해 늘 골골했지만, 당신은 일 년 열두 달 지나도록 감기 한 번 별로 앓아보지 않는 건강체이기에 며칠 있으면 괜찮아지겠지 하는 가벼운 마음과는 달리 이상하게 계속 나타나는 모르는 증상들. 그렇게 하여 양의, 한의 할 것 없이 괜찮다는 병원은 다 쫓아다니고 병 증세를 세밀히 관찰하고 상태를 보아가며 치료를 계속 사력 다해 하다 보니 무려 14군데의 병원을 전전했지요. 어느 정도 조금 완화되어 사무실에도 나가시고 하였으나, 또 다리가 관절염으로 인해 2012년에 두 다리 관절 수술의 아픔을 참아야 했던 나날. 이제 다리만 완쾌되면 모든 것은 다 괜찮을 것이라는 기대가 물거품. B 종합병원 입원 중에 나타난 무도증이라는 병명.

듣도 보도 못한 생소한 병명이 우리 앞을 가로막을 줄이야.

병 증세는, 깊은 잠이 안 오며, 근육이 조금씩 굳어가고 도파민 부족으로 인한 언어가 둔해져 가는 것이라고.

산을 넘으니 또 산이라. 그래도 B 종합병원의 치료로 병은 호전 일로가 보이고 편안해 보여 이대로라면 한 15년쯤은 무난하지 않을까 하는 안도와는 달리 5년도 채 되지 않아, 별안간 증세가 악화되어 거짓말처럼 2017년 2월 26일 81세로 당신을 잃었습니다.

돌이켜 보면 당신의 깔끔한 성격 덕에 남에게 크게 아픈 구차한 모습 안 보이고, 나의 가벼운 부축 정도로 약간 느린 행보만 보일 뿐 겉으로는 거의 정상적인 모습으로 사시다가 가신 당신은 그래도 다행이라 생각합니다.

여러 종류의 말기 암 환자들 최후의 모습들은 그 고통이 극심하다는 말을 들으면 당신은 하루 이틀만의 고르지 못한 숨결로 고생을 하셨을 뿐, 나와 현주 내외의 따뜻한 지킴으로, 그리고 다음 세상에서의 나와의 약속. 꼭 당신을 만나러 간다는 나의 굳은 약속에 안심하고 편안하게 자연 영면하신 당신.

정말 나와의 가만한 이별이었습니다.

사랑한다는 말로는 당신에게 향한 이 마음을 다 표현 못 합니다. 이제 한 달 후면 내 나이도 80세.

당신 만나러 가는 날도 얼마 남지 않은 듯합니다.

지금 신혼여행 때 입었던 이 고운 비단한복을 만지며 생각합니다.

세상 떠날 때 베로 만든 수의를 입지 않고, 이 옷을 곱게 차려입고 그때 신혼의 앳된 예쁜 모습으로 당신 만나러 가는 그런 꿈을 잠시 꾸어 봅니다.

환!

우리 만나는 날까지 서로 잘 있다가 내가 하늘을 방문할 때 당신은 마중 나와 오페라 한여름 밤의 꿈 중에 있는 '결혼행진곡'에 발맞추며 하늘의 푸른 초원을 손잡고 걸읍시다.

안녕히.

2018년 11월 26일 결혼 61주년을 맞으며 당신의 아내 숙이가.

문학세계대표작가선 912

천상으로 보내는 음악편지

장인숙 에세이집

인쇄 1판 1쇄 2019년 12월 20일
발행 1판 1쇄 2019년 12월 27일

지 은 이 : 장인숙
펴 낸 이 : 김천우
펴 낸 곳 : 도서출판 천우
등　록 : 1992. 2. 15. 제1-1307호
주　소 : 서울시 성동구 무학봉28길 6 금용빌딩 2F
전　화 : 02)2298-7661
팩　스 : 02)2298-7665
http://moonhak.wla.or.kr
E-mail : chunwo@hanmail.net

값 15,000원

ISBN 978-89-7954-794-8

이 도서의 국립중앙도서관 출판예정도서목록(CIP)은 서지정보유통지원시스템 홈페이지(http://seoji.nl.go.kr)와 국가자료공동목록시스템(http://www.nl.go.kr/kolisnet)에서 이용하실 수 있습니다. (CIP제어번호: CIP2019051457)